すべての日本人のための

日本一やさしくて使える税金の本

経営コンサルタント
久保憂希也

Discover

はじめに

あなたも税金を納めていますよね。

では、年間いくらぐらい納めていますか？

……突然、失礼しました。

以前、国税局で調査官をしていたから、そのときのクセ（？）が出てしまったわけではありません。

所得税、法人税、消費税、相続税、たばこ税、酒税、ガソリン税……。

税金はすべての人に深くかかわるものですが、その仕組みから、実際にいくら払っているかということまで、わかっている人はほとんどいないということが言いたかったのです。

実際、税金の基礎知識を学ぶ機会はなかなかありません。サラリーマンであれば、所得税は自分で確定申告しなくても、会社が天引きして税務署に払ってくれますし、多くの人は自分の所得税がいくらなのかも把握していません。

本当は、すべての人が税金の基礎知識を持っていてしかるべきだと思います。すべての人の生活に深くかかわるものだからです。日本に住んでいる以上、日本の税金を無視することはできません。詳しくは第1章でお話ししますが、**私たちは日本の税制をどうしていくかを選び、チェックしていくことができるのです。**

そういった基本的な考え方を「租税法律主義」といいます。税制は法律で決めるということです。誰かが勝手に決めることはできません。

しかし、何も知らなければ、誰かの都合のいいようにつくられてしまうのも税制。実際、税制の中にはいろいろな優遇措置がありますが、優遇されている人は何も言いませんから、誰も反対しないことになります。

政治のニュースを見ていると、いろいろな人が税制に関する主張をしていますが、「本当に税金のことをわかっているのだろうか」と感じることも多くあります。実際、政治家であっても、税金の知識が豊富な人は少ないのではないでしょうか。税金といえば財源の話に終始しがちという事実が、それを示しているように感じます。

私たちが税金に無関心でいると、「財源」として「取れるところから取る」「誰かに都合のいい」税制がつくられてしまうかもしれません。

しかし税金の基礎知識があれば、自分の意見を持つことができるでしょう。

元国税の経営コンサルタントである私は、税金については相当勉強してきましたし、今も税理士の先生や社長さんにお話しさせていただくことが多くあります。

税金の話題になったときに、クライアントの方々に簡単な税金の本をお渡しできれば、と思ったのですが、残念ながら、税金についてわかりやすく書かれた本をあまり見かけたことがありません。優れた専門書は多くあるのですが、ただでさえわかりにくい税金の話を専門書で読むのはチョット……というのが正直なところでしょう。

そこで、出版社の方には「税金の本はあまり売れないかも」と言われながらも、あえて筆をとることにしました（本書が売れたら、それだけ税金に関心を持つ人が多かった、ということですね！）。

私自身は経済の専門家ではありません。経済ジャーナリストのように、「こうあるべき」といった主張を書きたいわけではありません。

本書は、できるだけやさしく税金の基礎を解説し、納税者として（！）最低限知っておきたい知識を得ていただくことを目的にしています。

とあるバーを舞台に、いろいろなキャラクターが登場します。政治家志望の青年、所得税がよくわからないサラリーマン、余計な税金は払いたくない社長、消費税率が上がるのは仕方ないと感じている今どきのＯＬ、相続税に納得がいかない資産家の娘……。それぞれ、税金に対して意見や不満を持っています。

こんな考え方もあるなぁ、自分の意見はどうだろう……という感じで、楽しみながらお読みください。ストーリーを楽しむうちに、主要な税金について最低限の知識が身につくように構成したつもりです。本書を読み終わったあと、世の中がちょっと違って見えるかもしれません。

税金の話がより身近に、直接かかわるものとして感じられたり、政治経済のニュースも鵜呑みにせずに考えることができたりするきっかけになれば、嬉しく思います。

久保憂希也

すべての日本人のための

日本一やさしくて使える税金の本

【目次】

第2章

所得税 サラリーマンの経費と103万円の壁

第5章

取れるところから、取りたいけれど――161

相続税・酒税・たばこ税など

第1章

税金は取られるもの？

財源と税金論の基礎

増税なんてありえない！

まずは、大きくいって**「税金って何なの？」**という話からしていきましょう。生活しているかぎり、税金はあらゆる場面でかかわってきます。ニュースでも、税金の話題がよく出てきますね。

でも、実はなんとなくしか知らない。どうしてたばこ税が上がったのか、税金はどんなふうに使われているのか、日本の借金はなぜなくならないのか……。きちんと答えられる人はほとんどいないのではないでしょうか。

とあるバーでは、ときどき税金が話題になっているみたいです。お酒でも飲みながら、ちょっと耳を傾けてみることにしましょう。

＊＊＊

ギイイ……。

深夜1時をまわった頃。

鉄製の重たい扉を開け、スーツ姿の男が入ってきました。妙な違和感があるのは、サングラスをかけているからでしょうか。バー「ヘブン」の中は暗いので、何も見えないような気もしますが……。

「マスター、いつものやつ頼む」

その男、クマダは周囲を見まわして、自分のほかに誰も客がいないのを確認すると、サングラスを外しました。

「もうずいぶん飲まれているようですね。料亭にでもいらしたんですか？」

「ははっ。普通の居酒屋だよ。学生時代の友人たちに、日本のこれからについて語っていたんだ」

「それは、さぞ喜ばれたことでしょう」

「ちぇっ。あいつらは全然わかってないんだ。俺を置いて帰りやがった」

ヘブンのマスター、安西さんは、薄めのジントニックをクマダの前に置きました。

クマダは政治家を目指している、31歳の男性です。約8年間勤めていた会社を辞め、参議院議員選挙に出馬したものの、落選。情熱はあるのですが、どうも空まわりしがちで、「わかっていない」が口癖です。

「マスター、俺はね。本気で日本を変えたいんだ。今の政治家は、庶民の気持ちなんてわかろうとしていないじゃないか。最近の若者は、ぜいたくなんて求めちゃいない。普通の暮らしでいい。でも、普通の暮らしをすることすらむずかしくなっている……」

クマダは大げさに、ため息をついてみせました。

「仕事はない、保障はない、おまけに増税？ ありえないよ」

安西さんは口ひげをなでながら、黙って聞いています。

「俺は、徹底的に無駄をなくすんだ。だいたい、〝税金を増やせばなんとかなる〟っていうのがおかしいんだ。ぎりぎりの生活をしている人から、さらにお金を取れるのかって」

クマダの演説（?）がひとしきり終わると、安西さんは首をひねりながら言いました。

「うーん、そうですねぇ。ただ、日本は借金まみれでしょう？ 国の歳入92兆円のうち、半分が税収入で、あとの半分が借金ですよね。家計に置きかえれば、年間920万円使うのに、480万円しか収入がないようなもの。怖くありませんか？　借金はどんどん膨らんでいくし、なんとか収入を増やしたい……そう考えるのが普通ではないでしょうか」

「増税の前にやることがあるじゃないか。たとえば、介護に携わる人たちがもっとお給料をもらえるようにしなきゃいけない。介護の現場で『寿退社』が何を指すか、マスター、知ってる？　男性が結婚したら、介護の仕事では家族を養っていけないから退職するんだ。おかしいでしょう？　ちゃんと生活ができなきゃしょうがない」

クマダはそう言ってジントニックを飲み干すと、誰にともなくつぶやきました。

「選挙のときは、庶民のために増税しないことを約束したんだ。あと一歩のところだったのに……。ツイッターでの人気はあるし、もっとテレビに出ていれば……」

安西さんは、クマダのぼやきを軽く受け流して、別の質問をしました。

「ではクマダさん。増税せずに、お金のかかる政策を行うというのは可能なんですか？〝耳あたりはいいけど、本当に実現できるの？〟みんな、そんなふうに感じているのでは」

「マスターも財源の話をするの？　まいったな」

「避けては通れないですよね」

「うーむ……」

クマダは2杯目のジントニックを手に持ち、グラスを回しながら考えています。カラカラと音を立て、氷が少しずつ溶けていきます。

「誰か日本のためにお金を出してくれないかなぁ。よりよい国にしていくために……」

そもそも税金は何のため？

安西さんは助け船を出すように言いました。

「もともと税金というのは、自分たちの暮らしをよりよくしていくためにみんなでお金を出し合う制度ですよね。社会への会費みたいなもので。**税金を納めるから、学校ができる。道路が整備される。火事になれば消防車が来る**」

「うん、まぁね」

「でも、政治家も、納税者も、『お金を取る』『取られる』みたいな感覚を持っています。

それは、なぜなんでしょうか？」

クマダは眉間にしわを寄せました。

「それは……社会のためにお金を出すのはやぶさかではないけれど、その使い道がよくわからないし。報道を見ていると、なんだか無駄なものに使われていそう。小むずかしいことを言われてうやむやにされて、お金を取られている気がしちゃう。一方、政治家は『どこからお金を取れるか』を必死に考えている。財源がなければ身動きがとれないけれど、国民からの人気も必要。あまりドラスティックなこともしづらい」

安西さんはクマダの説明にうんうんとうなずいてから、こう尋ねました。

「憲法８４条の租税法律主義はご存じですか？」

「も、もちろん」

「あらたに課税をしたり、税制を改正したりする際には、国会での決議が必要であると言っていますよね。勝手に税制を変えることはできない。政府は、税制を変えたかったら、国会での決議を経なければいけないわけです」

「そりゃあ当然でしょ」

「そして、政府も税金に関していろいろ情報提供をするわけですが、そもそも税金はむずかしい。国民が税金をよく知らないことをいいことに、政府に都合のいい考え方をつくりあげようとするかもしれません」

「まさか、そんなことしないよ」

「あくまでも可能性の話ですがね。今日一緒にいたご友人たちは、何とおっしゃっていましたか?」

クマダは再びため息をつきました。

「税金のことなんて、そもそも全然理解してないんだ。サラリーマンはダメ。意識が低い。事業仕分けをエンタテインメントとして喜んでるくらいのもんだから」

「そうですか。生活にかかわることなのに、なぜ意識が低いんでしょうね」

「消費税はともかく、所得税を自分で納めていないからじゃないかな。自分の給料の中から払っているという意識があまりないから、使われ方にも特に興味を持たない」

「なるほど。**つまり、サラリーマンが税金の知識をあまり持っていないのは、源泉徴収制度のせいというわけですね**」

源泉徴収制度とは、給与の支払者が、あらかじめ給与から所得税を差し引き、それを国に納める制度です。日本では、サラリーマンの給与の源泉所得税の計算については、給与の額は同じでも、さまざまな条件によって所得税額が変わってくるので、最終的には年末調整によって過不足を調整することになっています。

「会社がやってくれるのはラクですが、そう考えると代償は大きいかもしれませんね」

「うん。だから俺が言っていることの素晴らしさも理解できないんだ。確かアメリカは、全部自分でやらなくちゃいけないんだったかな」

「アメリカにも源泉徴収制度はありますが、会社が年末調整まではしてくれません。各自で確定申告をします。だから税金に対する意識は高いようですね。一説によると、アメリカ人が自分の確定申告のために費やす時間は、平均11時間半だそうです」

「そんなに手間をかけて計算して納税したら、仕組みや使われ方が気になるだろうなぁ」

「諸外国を見ると、先進国の大半で源泉徴収制度はあるものの、多くは個人で確定申告をします。ほとんどのサラリーマンが確定申告をしない日本は少し特殊ですね」

クマダはグラスから手を放して、腕を組みました。安西さんはクマダに考える時間を持たせようとしたのか、数秒の間をおいて、続けます。

「OECD加盟との比較でいえば日本の税金って安いんですよ。租税負担率でいうと、47・7%のスウェーデン以下、イギリス、フランス、ドイツ、アメリカときて、日本は24・6%です」(30ページ参照)

租税負担率とは、国税と地方税を合わせた税額の国民所得に対する割合のことです。**スウェーデンは所得の半分近くを税金として納めているのに対し、日本は4分の1程度、**というわけです。

「借金だらけで破綻寸前の日本は、諸外国と比べると、所得に対して税金負担率は低い。それでも増税すべきではないのでしょうか?」

「……」

「増税反対という言葉は、耳あたりはいいですが、そう主張する人も、本当には税金のことをわかっていないことが多いんじゃないでしょうか。実際、納得できるような議論をしているのを聞いたことがありますか? ムダを見直すべき? それはそのとおりです。誰だってそう思います。でも、ムダを見直す話ばかりしていても、それだけじゃあ、先に進まないのではないでしょうか」

安西さんは、「クマダさんのことを言っているわけではありませんがね」と付け加えました。この政治家志望の青年に、もっと深く考えてもらいたい、ということのようです。

クマダの最初の勢いがだんだんなくなってきました。お酒も止まっているようです。しばらく考えごとをしていた様子でしたが、意を決したように立ち上がりました。

「よし、わかった。俺がここで税金講座を開く。まずはマスターがお客さんだ。明日楽しみにしててくれよ！」

クマダさん、あまり税金の知識がないようですが、大丈夫でしょうか……。

＊＊＊

税制は勝手に決められない

さて、「**租税法律主義**」という言葉が出てきました。憲法84条には「あらたに租税を課し、又は現行の租税を変更するには、法律又は法律の定める条件によることを必要とする」とあり、法律の根拠がなければ課税することができないことを示しています。法律の改正には国会の承認が必要ですから、**税制は議会が承認しなければ変えられないわけです。**

時代劇では悪代官が「今年は年貢を多く納めろ！」と言っているのをよく見かけますが、現代の日本ではダメなんですね。

租税法律主義は、民主主義国家の根幹をなすもののひとつです。昔は、権力者が一方的に課税をしていたけれど、「そんなのおかしい！」と立ち上がった人たちによって革命が起こり、租税法律主義ができていったのです。

租税法律主義を最初に定めたものは、1215年に制定されたイギリスの「マグナカルタ」だといわれています。マグナカルタとは、王の専制を規制する63条の条文から成る憲章です。ジョン王が戦争の協力金として課した税金が発端で、貴族たちがつくりました。

議会の承認を得なければ課税できない、という条文が盛り込まれています。
フランス革命やピューリタン革命、江戸時代の百姓一揆も、重い税への不満が引き起こした市民革命・運動です。
今でこそ、ほとんどの民主国家で憲法原理とされており、当たり前となっていますが、実はそれって、先人たちの血と汗の結晶なのです。

税金は国を成り立たせるために必要なもの。ただし、一方的に「取られる」ものではなく、国民がきちんと監視し、国会で決めていくもの。

これは、税金の話をする前の大前提となります。

日本の税金は安い？　高い？

それでは、現代の日本における税金がどうなっているのか見てみましょう。
日本は国の税金に関して**「申告納税制度」**を採用しています。申告納税制度とは、納税者が自ら税務署などに申告をして税額を確定させ、その確定した税額を納付する制度のこと。一方、「賦課《ふか》課税制度」とは行政が税額を確定させて課税する制度です。

かつての日本は賦課課税制度を採用していましたが、戦後に「経済の民主化」の一環として申告納税制度が採られました。申告納税制度は、納税者が正しく税制を理解して、それにそって申告・納税するという民主的な制度なのです。納税者の申告がなかったり、申告が間違っていたりすれば、税務署長が正すことになっています。

つまり、**国民の代表である国会が税制を決め（承認し）、その税制にそって申告・納付する。間違いは国（国税庁）が正す、**ということになっているのです。

申告納税制度が成立するには、税金に対する知識が必要ですね。私の実感では、経営者は法人税に詳しいです。資産の多い人は相続税に詳しい。よくそんな細かいところまで、と思うくらい、知っている方は知っています。それは、ダイレクトに自分の会社や資産に関わるからでしょう。

一方、サラリーマンで所得税に詳しい人はあまりいません。クマダさんが言っていたように、日本は「源泉徴収制度」＋「年末調整」によって、自分で申告する必要がない場合がほとんどです。

源泉徴収制度は、戦時中の昭和１５年、当時のドイツにならい取り入れられました。戦費調達が重要なときに簡単に徴税できる方法として導入され、それが戦後もずっと続いています。国からすると「税金を取りっぱぐれない、いい制度」なのでしょう。

アメリカ、ドイツ、イギリスなど海外の主要国にも源泉徴収制度はあります。しかし、日本に特徴的なのは、年末調整です。サラリーマンが自ら申告のために税務署に行く必要がないのです。他の国の多くの場合、個人が確定申告をします。申告書の作成に多少時間がかかっても申告するのは、還付されることがほとんどだからです。

所得税について、さらに詳しくは第2章でお話しします。ここでは、日本の特徴だけ覚えておいてください。

さて、安西さんは「日本の税金は安い」と言っていました。税金には種類があり、それぞれの中で税率も細かく分かれていたりしますから、ひとことで言えないのですが、「租税負担率」の国際比較を見ると「安い」と言うことができそうです。

国民負担率の内訳の国際比較

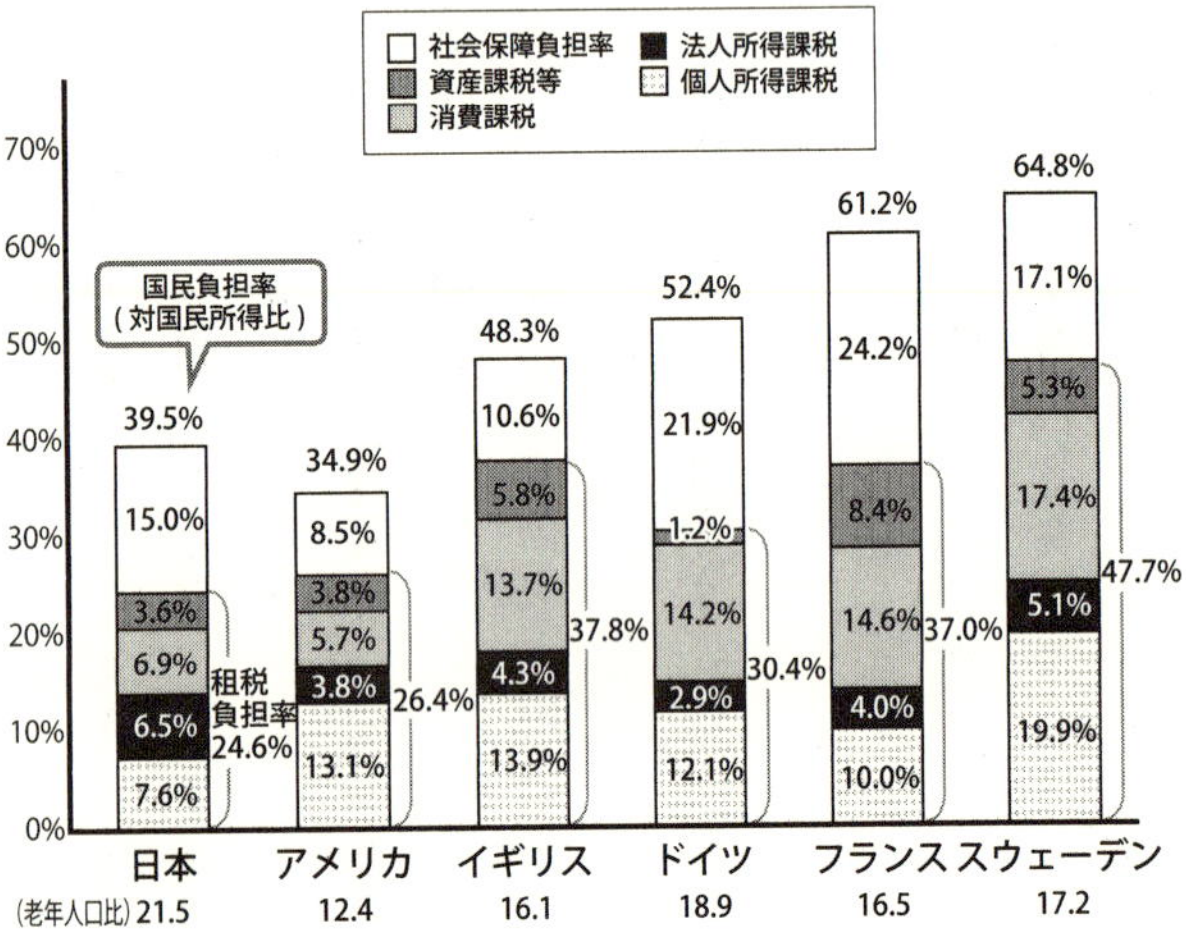

(注) 1. 日本は平成19年度(2007年度)実績、諸外国は、OECD "Revenue Statistics 1965-2008"及び同 "National Accounts 1996-2007"等による。なお、日本の平成22年度(2010年度)予算ベースでは、国民負担率:39.0%、租税負担率:21.5%、個人所得課税:7.2%、法人所得課税:3.4%、消費課税:7.1%、資産課税等:3.9%、社会保障負担率:17.5%となっている。

2. 租税負担率は国税及び地方税の合計の数値である。また所得課税には資産性所得に対する課税を含む。

3. 四捨五入の関係上:各項目の計数の和が合計値と一致しないことがある。

4. 老年人口比率については、日本は2007年の推計値(国立社会保障・人口問題研究所「日本の将来推計人口」(平成18年(2006年)12月推計)による)、諸外国は2005年の数値(国際連合 "World Population Prospects: The 2008 Revision Population Database" による)である。なお、日本の2010年の推計値は23.1となっている。

(財務省ホームページより抜粋)

租税負担率とは、国税と地方税を合わせた税額が国民所得に占める割合。国民負担率とは、租税負担に健康保険料などの社会保障費を加えた額が国民所得に占める割合です。

〝国民の負担は外国と比べて安い〟と言われても、あまり納得できないかもしれませんね。多くの人に「税負担は重い、不公平」という感覚が根強くある気がします。この感覚はどこから来ているのでしょうか？

次章から少しずつ明らかにしていきましょう。

増える借金、減る収入

国の予算のうち、基本的な収支を扱い、目的を限定していない会計のことを一般会計といいます。一般会計の収入は、税金が基本。ここで、一般会計の収支を見てみましょう。

次ページの円グラフをご覧ください。

一般会計歳入・歳出のグラフ（平成22年度）

一般会計歳出

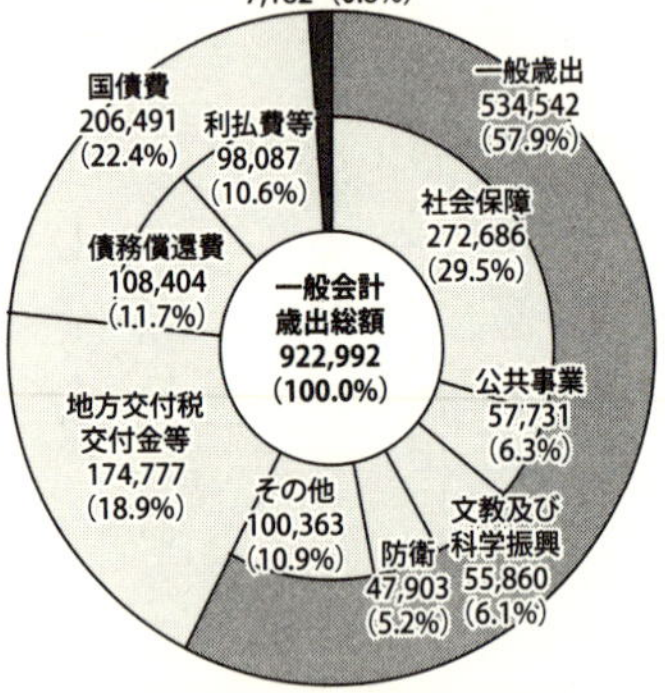

＊ 社会保障関係費(27.3兆円)、国債費(20.6兆円)、地方交付税交付金等（17.5兆円)の三大経費で全体の約7割を占める

一般会計歳入

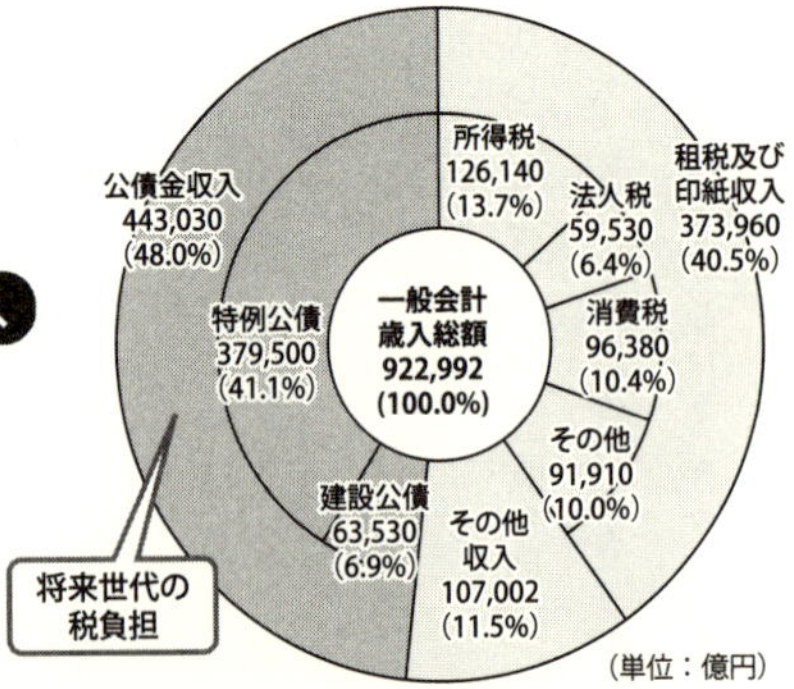

（単位：億円）

＊ 租税及び印紙収入は4割程度にとどまる
＊ 残りのうち44兆円程度(48.0%)が公債金収入

（財務省ホームページより抜粋）

安西さんが言っていたとおり、**国の歳入のうち半分が税金、半分が借金です。**平成２２年度の一般会計予算では、約９２兆円の総額に対して、所得税・法人税・消費税などの税収が約３７兆円。公債金収入が約４４兆円となっています。公債金というのは、国や地方公共団体が資金集めのために発行している債券のことですから、要するに借金です。**支払いを先送りしているだけで、これも将来世代の税負担ということになります。**

ちなみに「その他収入」というのは、税金以外の収入です。国有地を貸し出したりしたときの使用料、行政手続の手数料、特別会計からの繰り入れ、外国国債の利子等が含まれています。

これらをなにに使うのかというと、社会保障関係費などの一般歳出、地方交付税交付金等、および国債費の３つの歳出に分かれます。このうち国債費とは、国債の利払い、償還（返済）にあてられる支出のことです。**なんと、全体の歳出の２２％が国債費なんですね。**１９６５年の国債費は約０・６％、１９７５年は約５％でしたから、右肩上がりの膨らみようです。タダでお金を貸してくれる人はいませんから、当然、借金が増えるほど国債費も増えていくわけです。その支出をまかなうために、また借金をします。財務省によると、平成22年3月末現在の国の借金残高は約900兆円です。

家計に置きかえて考えてみれば、こんな感じです。本業の年収370万円、アルバイトで100万円を稼いで収入の合計が470万円。しかし支出が920万円なので、全然足りずに借金する。急場しのぎのはずが、借りた分の利息が膨らみ、返済もしなきゃいけないし、ますます借金に頼る。気づいたら借金の総額は9、000万円……という状況。

こんな人が近くにいたら、「しっかりしなさい、このままじゃ破産ですよ!」と言いたくなりませんか?

日本はかなり危機的な財政状況であることがわかりますよね。実際、そうなのです。新規の国債が消化できなくなったら、国家予算が組めなくなります。利払いや返済が滞ったら、日本という国や「円」の信用がなくなり、大幅なインフレ、円安を引き起こすでしょう。

それにしても、どうしてこんなにお金がないのでしょうか??

次ページの一般会計税収の推移を見てみると、**税金による収入が、平成に入ってからグングン減っているのがわかります。**

一般会計税収の推移

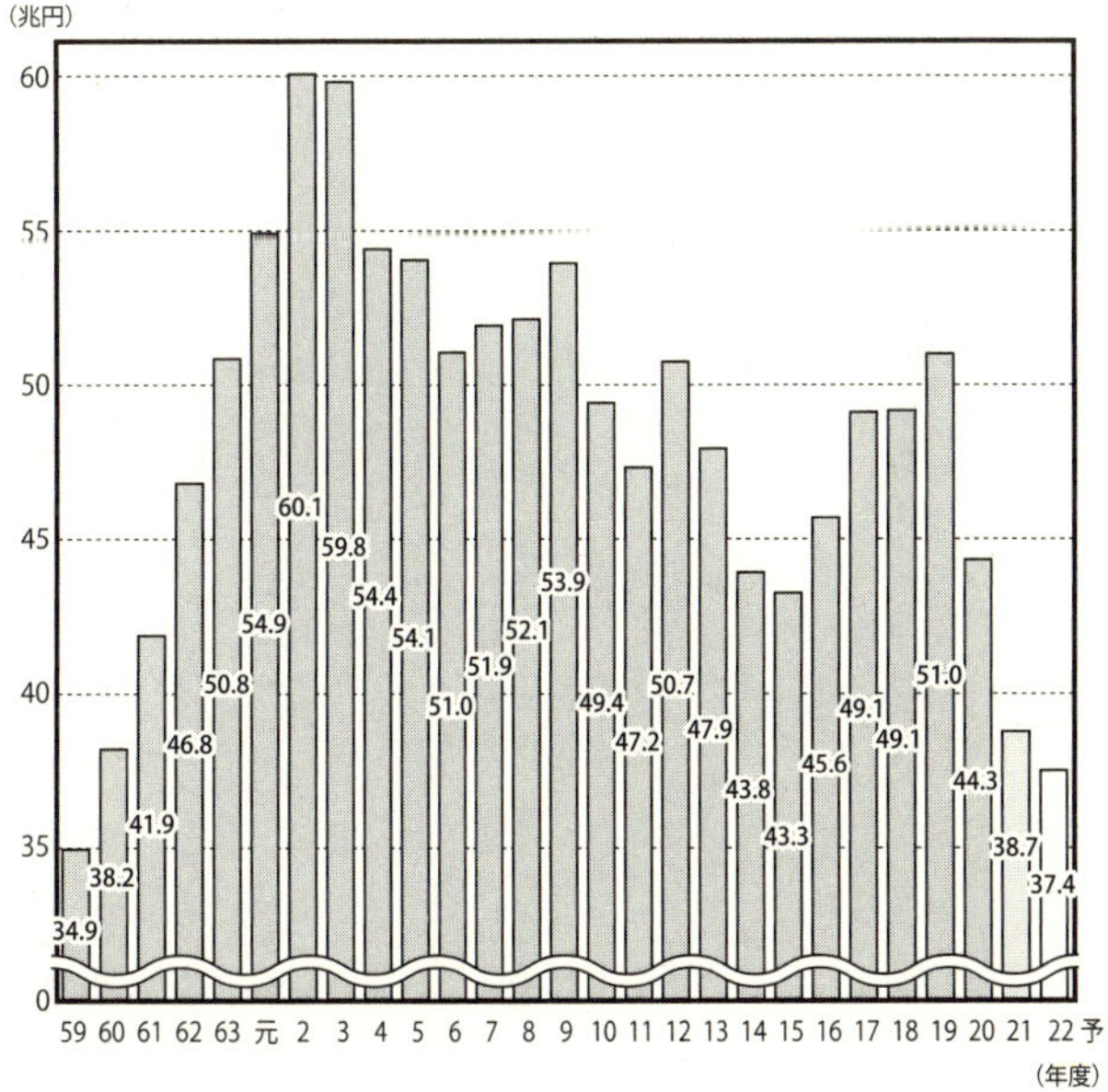

(注)21年度以前は決算額、22年度は予算額である。

(財務省ホームページより抜粋)

また、次のページに示した主要税目の税収の推移を見ると、**所得税と法人税が減少傾向にあり、消費税は増加傾向**ということがわかりますね。

法人税の税収が平成21年にガクンと減っているのは、リーマンショック以降の景気悪化で、赤字を出した企業が多かったからです。トヨタが赤字に転落した衝撃は、税収にもかなりのインパクトを与えました。

平成元年よりスタートした消費税ですが、平成9年に税収が上がっているのは、税率の引き上げがあったからです。かつて3％だった消費税は、地方消費税と合わせて5％になりました。

こうして見ると、消費税率をもっと上げれば収入ダウンを少しはカバーできそうですね。とはいえ、ことはそう単純ではありません。

所得に課税するか、消費に課税するか

ここで、税金には大きく分けて2種類あることを確認しておきましょう。

主要税目の税収の推移

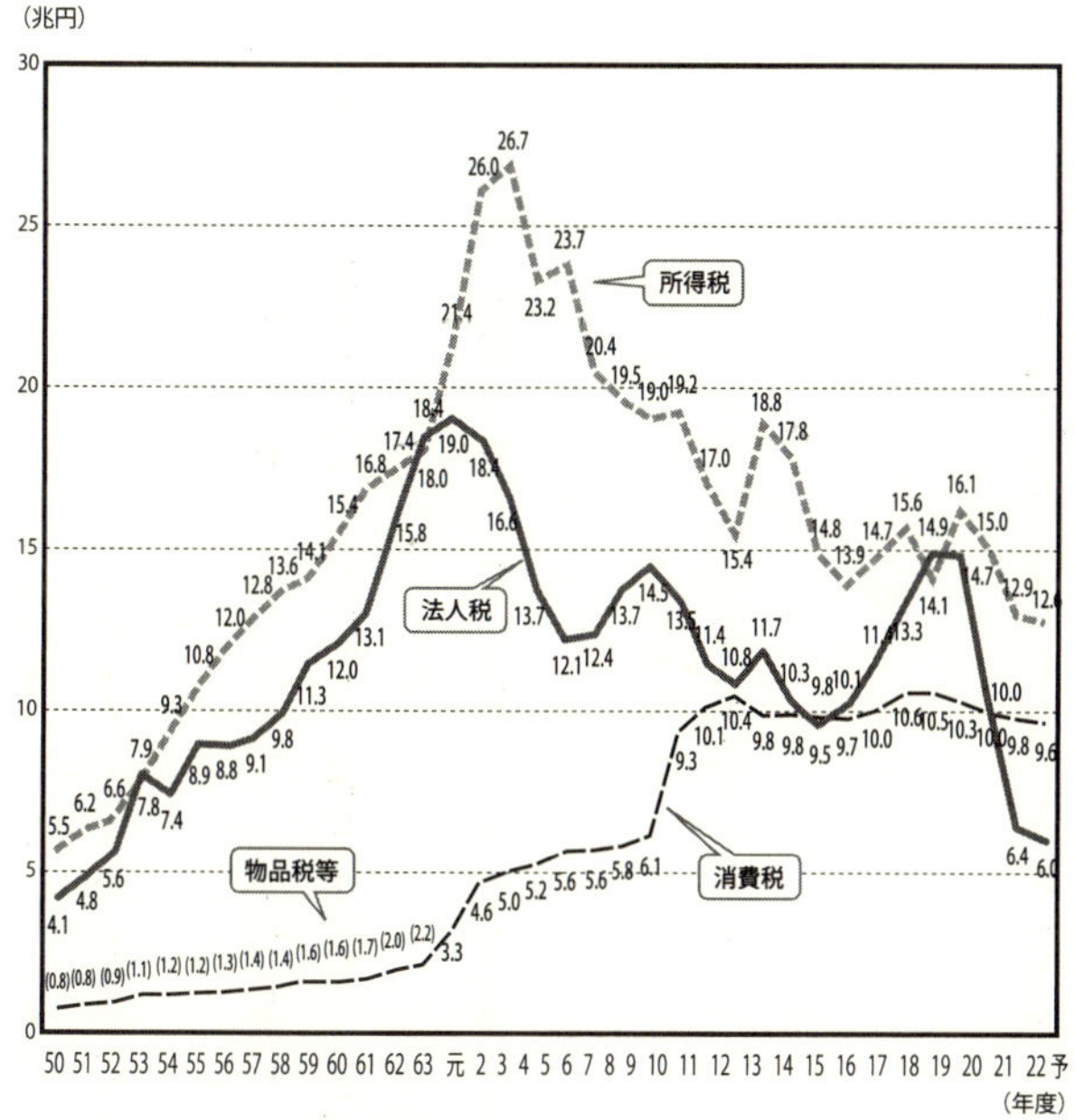

(注)21年度以前は決算額、22年度は予算額である。

(財務省ホームページより抜粋)

所得税や法人税（合わせて所得課税といいます）のように、**「入ってくるお金にかかる税金」**と、消費税やたばこ税のように**「出ていくお金にかかる税金」**です。

たくさん稼げば、それに応じて税金を支払うというのが所得課税。
たくさんモノを買って消費すれば、それに応じて税金を支払うのが消費課税です。

「所得に課税するか、消費に課税するか」というのは、税金の議論では、もっとも基本的なものです。あなたはどちらがいいと思いますか？

さて、バー「ヘブン」でクマダさんの税金講座がはじまるようです。

＊＊＊

午後１０時。バー「ヘブン」にまたサングラスの男があらわれました。

「マスター、いつものやつ」

クマダがサングラスを外してカウンター席に座ると、安西さんはうなずいてモスコミュールをつくりはじめました。

「今日もヒマそうじゃない。ここの経営は大丈夫なの？」

安西さんは涼しい顔をして、答えます。

「今年は税金を払えないかもしれませんねぇ」

「そうそう、税金。今日は税金講座をしにきたよ」

クマダはカウンターに置いてあるナッツを口に放りこんで、話しはじめました。

消費税アップは不公平？

「俺は昨日、増税反対と言った。正しくは、消費税率アップ反対だ。いい？　課税対象には所得と消費の2種類ある。日本は基本的には所得課税中心だけれど、しかし不景気で所得からの税収が減っている。だから消費税を上げよう、というのが最近の論調というわけだ。でもね、消費税を上げると問題がある。何だと思う?」

「稼ぎの少ない人にとっては、厳しいですよね」

「そう! そのとおり。生活に必要なお金って、ある程度決まっているじゃない。そこで消費に課税をすると、低額所得者に不利になるというわけ。

たとえば生活費を年間150万円として考えてみよう。年収200万円の人が生活するために消費する150万円に、消費税がのっかる。5%なら7万5、000円。10%になったら15万円。これはかなりキツイ。年収2、000万円の人も同じように、生活費150万円に対して、消費税10%とすれば15万円を支払うわけだけど、2、000万円の人にとっては、15万円という金額はたいしたことないでしょう。こういうのを『逆進性』という……んだよね?」

雄弁のようでどこか心もとないクマダの説明を受けて、安西さんは言いました。

「所得のある人もない人も、同額の税金を払うのは不公平ということですね。確かに、**応能負担の原則**から外れますすね」

「オウノウ?」

「ほら、税金は能力に応じて負担すべきという、憲法が要求している原則ですよ」

「も、もちろん知ってるさ……。お金を持っている人は多めに負担をし、お金のない人は、最低限の生活を保障したうえで負担するのが公平でしょう。だから、所得課税のほうがいいんだ。消費税率アップは、不公平だと言わざるをえない」

「でも、たくさん稼いでいる人は、それだけ社会に貢献しているといえますよね。たとえば、新しいサービスをつくって世の中に提供する。それで喜ぶ人がたくさんいたから、儲かったと。それで、そこに重い税を課すのは、公平といえるんでしょうか？　じゃあ、こう考えてみましょう。**クマダさんは、頑張って稼ぐほど税金が高くなると知っても、やる気が出ますか？**」

「うーん。確かにそれも一理あるな……。でも逆に、消費の多い人はそれだけ社会に貢献しているともいえるはず。たくさんお金を使えば、社会にお金が回るんだから。金持ちだけど全然お金を使わない人と、低所得だけど家族が多かったりしてたくさんお金を使わざるをえない人、どっちが社会に貢献しているかというと……やはり、消費に重い税がかかるのはおかしい！……そうじゃないかな？？」

クマダは、また安西さんにツッコまれるのではと、少しビクビクしているようです。

何をもって公平と考えるか

安西さんは口ひげをなでながら、ゆっくり口をひらきました。

「クマダさん、公平性の観点からいえば、こんな議論があります。1930年代から40年代にかけて、アメリカの経済学者のフィッシャーが『**支出税**』というのを提案したんです。所得に課税するのではなく、支出したときに課税する。所得のうち貯蓄した部分は、取り崩すときに課税する、というのが支出税です。

たとえば年収800万円の人が、毎年200万円を貯蓄するとします。支出税は、1年間に使う600万円に対して課税をします。退職後に貯蓄から毎年600万円を取り崩して生活するなら、やはりこの600万円が課税されるんです」

「消費税と同じようなもの？」

「消費に課税する点で同じです。違うところは、消費税は間接税で、支出税は直接税ということ。消費税は、直接税務署に払いませんよね？　支出税の場合は、直接払うんです」

「いくら支出したのか申告するわけか。そんなことできるかなぁ。ただでさえサラリーマンは源泉徴収制度によって自分の税金の申告をしていないのに。よほどメリットがないとむずかしそうだ」

「ええ。実際、支出税は、アメリカやイギリスなどで繰り返し議論されているのにもかかわらず、いまだ導入されていません。やはり実行はむずかしいようです。でも、メリットはあるんですよ。直接税なので、税率を一律にする必要はありませんから、逆進性の問題もクリアできます」

「所得税のように税率を変えることができるのか。でも……」

「直接税・間接税の話は置いておくとしても、消費に課税するのが公平であるというのが、J．S．ミルはじめ多くの経済学者の主張です。超高齢化社会で、働く人が少なくなった場合を考えてみてください。所得税は、働く人に課せられます。社会を維持するため、重い税負担となるでしょう。ニートは？　働いていないから、税負担がありません。一方、消費に課税するのなら、高齢者もニートも、広く税を負担することになります」

「うーん。そう言われると、消費に課税するのが公平のような気もするなぁ」

「**何をもって公平と考えるか。それは、さっきクマダさんが言ったように、所得を基準にするか、消費を基準にするかによって変わってくるんですね。**すべての人が納得する税制なんて、無理な話です。

『こっちの税金を軽減せよ、あっちに負担させせろ』とみんな言うでしょう？　そこには、哲学が必要なんです。この国はどこへ向かっていくのか？　一貫した理論や理念に基づいて税制をデザインしなければ、不満が出るばかりです。財源がないからといって、『取れるところから取る』『圧力の強いところは軽減する』なんてことばかりやっていたら、つぎはぎだらけで、まるで哲学のない税制になってしまうんですよ」

いつもはクールな安西さんの口調も、心なしか熱を帯びてきたようです。

「哲学か、哲学ねぇ。いい！　その言葉気に入った」

クマダは嬉しそうにモスコミュールを飲み干しました。税金講座をやると言いながら、まったく講座になっていないような気もしますが、悪びれていない様子です。

「よし、俺はちゃんと哲学を持って税金を教えることにしよう。じゃあね、マスター。今日の講座はこれで終わり」

＊＊＊

所得か、消費か。なかなかむずかしいですね。

クマダさんの言うような、「消費税は低所得者に不利な税金だ」という主張が、近年主流を占めています。一律に課税をしてしまうと、所得の少ない人にとっては税の負担が重くなる……これを**「逆進性の問題」**といいます。

所得課税の場合は、所得の大きさに応じて税負担が変わります。「応能負担の原則」どおり、能力に応じて負担するわけです。

安西さんは「支出税」の話をしました。あまり耳慣れない言葉かもしれませんね。ひとことで言えば、支出（所得－貯蓄）に課税する、直接税です。日本ではあまり議論になっていませんが、経済学者の間ではこういった考え方が昔からあります。

二人は主に公平性について話し合っていましたが、経済に与える影響を考える必要もあるでしょう。安西さんの言うように、日本はこれからどうなっていきたいのか、という理念のもとに、税制をかたちづくっていくことが大切なのかもしれません。

少なくとも私たちは税金の基礎知識を持ち、税制改正を監視していきたいところです。

さて、直接税と間接税の話が出てきましたので、まとめておきます。それぞれにメリット・デメリットがあります。

▼直接税……納税者と税負担者が一致する税。

各個人の状況に応じた配慮ができる反面、税収は不安定。各個人の状況をどう捉えるのかという問題、高額所得者ほど税負担が重くなるので勤労意欲をそぐという指摘もある。

所得税、法人税、相続税など。

▼間接税……納税者と税負担者が一致しない税。
税収は安定するが、一律に課税することになるため、各個人の状況に応じた配慮はできない。
消費税、たばこ税、酒税、入湯税など。

それでは、いよいよ次の章から、主要な税について詳しく見ていくことにしましょう。

第2章

サラリーマンの経費と103万円の壁

所得税

サラリーマンは損してる？

第1章では、ざっくりと税金全体の話をしました。この章から、代表的な税金についてそれぞれ少し突っ込んで見ていきましょう。

まずは、所得税です。すべての人に関係がある税金ですよね。そして、不満を感じている方が多いのも、この所得税です。

サラリーマンの方は、毎月の給料から引かれており（源泉徴収）、いつの間にか納税しているので、実際にはどのように計算されているのか、よくわからないかもしれません。

前章でもお話ししたとおり、日本は**「申告納税制度」**を採用しています。納税者自らが、所得などの金額を税務署に申告し、確定した納税額を自ら納付する、というものです。

この納税制度が機能するには、国民一人ひとりが納税に対して知識と理解を持つ必要があります。しかし現実には、これがなかなかむずかしい。

そこで、日本国民の大多数を占めるサラリーマンの所得税は、会社が源泉徴収することになっています。会社が、所得税分を毎月の給料から引いておき、年末調整します。一定の場合を除いて、自分で確定申告する必要がありません。

これがいいのか悪いのか……。

バー「ヘブン」には、所得税について不満を感じている二人の男が来ているようです。

＊＊＊

公私の区別ってむずかしい　～年末調整と確定申告

「竹内さぁ、この店にはよく来るの？」

バーのカウンターに腰をおろしながら、スーツの男が革ジャンの男に聞きました。

スーツの男、佐藤ハジメ（ハジメくん）はインテリア専門商社「アート商会」の営業マンです。革ジャンの男は、元同僚の竹内。１年前に会社を辞め、今は個人事業主でウェブデザイナーをしています。

「うん、ときどきな。いつもすいてるからさ」

二人は居酒屋で軽く飲んだあとのようです。メニューをちらっと見ましたが、結局ビールを注文しました。

竹内はハジメくんに尋ねました。

「ハジメさぁ、最近、アート商会は儲かってる?」

「いやー、どこも不景気で厳しいよね。竹内の会社は?」

「俺は個人事業主だよ」

「ふうん。会社とは違うのか。どっちにしろ、儲かってるんでしょ? こんな高そうなバーによく来るくらいだから」

「いや、お客さんと一緒に来るときがあるだけさ」

「そうか、こういった飲み代も経費にできるんだ。僕らサラリーマンは、経費が認められないから不公平だな」

「何言ってるんだよ。会社からお金をもらってるじゃないか」

「うちの会社はケチだからさ。経理にうるさく言われるし」

マスターの安西さんはニコニコしながら二人の様子を見ています。そして、ビールをハジメくんの前に置きながら、話しかけました。

「もうじき年末調整の時期じゃないですか？」

ハジメくんはなぜか嬉しそうな顔になりました。

「そう言えばそうだ！　今年はいくら戻ってくるかな。年末は、いつもよりちょっとだけ潤うんだよね」

一方の竹内はつまらなそうです。

「ちぇっ。俺は確定申告で税金を払うだけだから、イヤな時期だよ。サラリーマンの頃はわからなかったけど、今は、会社にどれだけいろいろやってもらっていたか、その有り難みをあらためて感じるね」

「そうなのかなぁ？　あ、この間、テレビで見たんだけど、所得税はクサイって言われてるんだって？　ねぇ、マスター」

人なつっこいハジメくんは、初対面のはずの安西さんにも気やすく声をかけます。

「給与所得はほとんど把握されているのに対し、事業所得や農業所得は全然把握できていない、という意味の言葉ですね。サラリーマンは会社に源泉徴収されているから、漏れがほとんどなく、9割把握されている。自営業者の所得は3割。農業や林業、水産業に従事する者の所得は1割しか把握されていないということです。昔はクロヨン(9・6・4)と言われていましたが、クサイ(9・3・1)と言う人もいるわけですね」

「そりゃ極端じゃないの?」竹内は空になったグラスを差し出しながら言います。

「俺はきちんと申告してますよ」

安西さんはにっこりと微笑んで、ビールをサーバーから注ぎます。

「ええ、もちろんそうでしょう。ところで竹内さん、自宅でお仕事されているのですか?」

「そうです」

「ということは、家賃の一部を経費計上しているわけですか?」

「3部屋あるうちの1部屋を仕事部屋にしているので、家賃の33%を経費にしています」

「グレーゾーンだよね」ハジメくんが口をはさみました。

「仕事とプライベートを分けるのはむずかしいって意味だけど」

「うん、まあな。おまえの言うとおりだよ。俺の頭の中も、仕事とプライベートが一緒になっているしね」

安西さんもうんうんとうなずきます。

「わかりますよ。私のこの仕事も、趣味と区別がつきません。家賃にしろ、事業用の車や飲食代にしろ、自営業者の場合、公私をはっきりと区別するのはむずかしいですね。これを利用して、多めに経費計上している人が多い。そういった意味で、クサイとかクロヨンとか言われているわけです」

サラリーマンにも必要経費が認められる？　〜給与所得控除

「サラリーマンの必要経費も認めてほしいよ。認めてくれるなら、面倒くさいとか言わずに、ちゃんと確定申告するけどな。そもそも日本は申告納税制度を採用しているんだしさ」

テレビで得た知識なのでしょうか、ちょっぴり得意そうに話すハジメくんに、安西さんはやさしく教えるように言いました。

「**サラリーマンにも必要経費は認められているんですよ。**実額ではなく、概算の『法定額』ですがね」

「法定額？」

目をぱちくりさせているハジメくんの顔を見て、安西さんは照明を少し明るくすると、コースターを取り出して、裏になにやら数字を書きはじめます。

「所得税の計算をするときは、収入から経費を差し引いて、残った金額に税率をかけるのが基本です。ハジメさんのお給料を仮に３００万円としましょう。必要経費はどのくらいになりますか？」

「うーん。必要経費に家賃は入らないですよね？」

「ええ。生活に必要な支出は家事費であって、所得を得るための経費にはなりません。食事代、散髪代、衣服代も家事費です」

「通勤費は会社から出してもらっているから……インテリアの本代とか、研究のために買ったインテリア雑貨代とか、情報収集のための飲み代とか……」

竹内は笑いました。

「研究熱心だなぁ！　でも、それグレーゾーンじゃない？」

安西さんはコースターに「－《マイナス》１０８」と数字を書き入れました。


給与３００（万円）－給与所得控除１０８（万円）＝所得１９２（万円）

「法定額では、１０８万円が必要経費代です。給与所得控除といいます。ハジメさんの場合は、収入３００万円から給与所得控除１０８万円を引いて、所得１９２万円になります」

「えっ、本当？　じゃあ、この１９２万円に対して税金がかかるってわけ？」

「そのとおりです。実際には、さらに控除がありますから、もっと少ない金額になります」

「じゃあ、僕が年収1、０００万円だったら？」

「いい質問ですね。**給与所得控除は、収入金額に応じて変化します**。収入が1、０００万円なら、給与所得控除は２２０万円ですから、所得は７８０万円です」

竹内は腕組みをして唸りました。

「２２％が引かれるわけか。それって高いのか安いのか……」

「さきほどハジメさんが悩んだように、必要経費となるものは会社が負担している場合が多いので、自分で払っている必要経費の額の合計が給与所得控除の額を超えることはめったにないでしょう。

一応、制度としてはあるんですよ。特定支出控除の特例といって、法定額を超えた場合、確定申告によって控除する制度です。ただし、特定支出は、通勤費・転居費・研修費・資格取得費・帰宅旅費に限定されています。2011年の税制改正ではこれらに加えて、弁護士、公認会計士、税理士などの資格取得費、勤務必要経費（図書費、衣服費、交際費、職業上の団体の経費）が追加され、給与所得控除額の2分の1を超えた場合に控除できるようになりました。しかし、この制度を利用している人はほとんどいません」

「じゃあ、ハジメも希望どおり確定申告してもいいわけだ。よかったな」

「仕事のために108万円以上も経費を使っているわけないじゃない。ハッキリ言って給料300万円じゃ、生活だけでいっぱいいっぱいだよ」

「それで、所得が192万円になったあとは、どうやって計算するんですか？　結局僕が払っている税金はいくらになるんでしょう？」

ハジメくんはすっかり興味を持ったようです。安西さんは、そんなハジメくんが理解しやすいように、ゆっくり言葉を区切りながら話を進めます。

「所得が計算されたあと、今度は所得控除を引きます。年末調整のとき、生命保険の書類を提出したりするでしょう？　あれは所得控除を計算するためです。**所得控除には、医療費控除、社会保険料控除、生命保険料控除、配偶者控除、扶養控除、基礎控除などがあります**」

「僕は生命保険にも入ってないし、奥さんもいないし、何も引けるものがないな」

「健康保険、国民年金、厚生年金、雇用保険といった社会保険には入っているでしょうから、社会保険料控除と、それから基礎控除がありますね」

「基礎控除って何ですか？」

「健康で文化的な生活を送ることができる最低限の所得に課税されない、という権利です。すべての納税者に保障されているのです。憲法２５条『生存権の反映』ですね」

「なるほど、お上もオニじゃないんだな。で、いくらなんです？」

「一律、年間38万円です」

ハジメくんはのけぞりました。

「安っ！　僕が健康で文化的な生活を送る最低限の所得は、38万円なの？？」

「私も安いと思います。基礎控除の額は、昔からあまり引き上げられてこなかったんです」

安西さんはコースターに数字を書き入れます。

所得192（万円）－基礎控除38（万円）－社会保険料控除40（万円）
＝課税総所得114（万円）

「192万円から38万円を引くと、154万円。社会保険料は、仮に40万円を年間に支払ったとすれば、これも引いて114万円ですね。114万円が『課税総所得』の金額となります。ここでやっと、税率が登場しますよ。所得税の税率は何％かご存じですか」

「10％くらいかなぁ」

安西さんは一瞬間を置き、「ブブー」と言いました。

「やめてよ、マスター。真顔で『ブブー』って！」

「ハジメさんの場合は５％です」

「僕の場合？」

「ええ。税率はこんなふうになっているんです」

安西さんは、もう１枚コースターを取り出して、サラサラッとペンを走らせました。

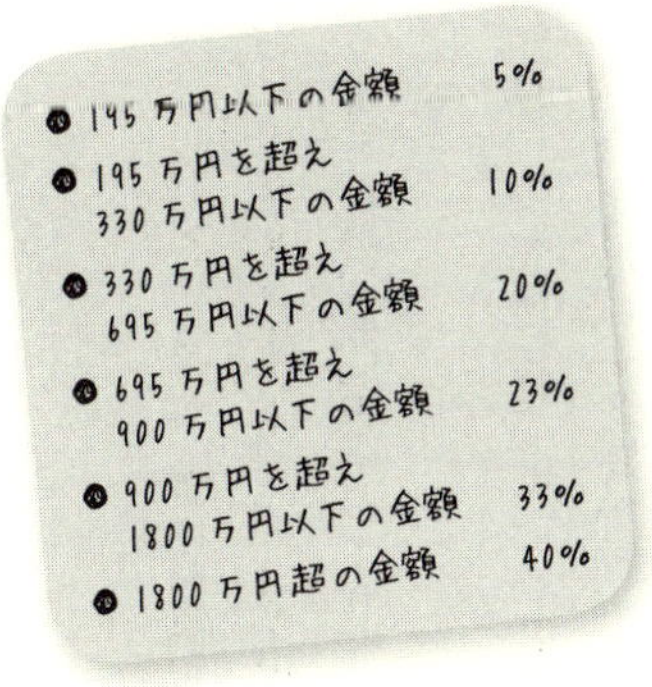

「僕は一番低い税率が適用されるんだ。114万円の5％だと、5万7、000円かあ。思ったより少ないな」

「この税率はどんどん引き下げられています。昔は最高税率が75％あったのですが、消費税導入後に50％に、さらに1999年の改正で37％になりました。2007年の改正で最高税率は40％になりましたが、最低税率が10％から5％に引き下げられました」

今度は竹内がのけぞりました。

「ちょ、最高税率75％って!? そんなに持っていかれたらやってられないですよ」

「あ、いえ、**超過累進税率**なので、所得の75％が持っていかれるわけではありませんよ」

「超過累進税率って？」

「所得区分ごとの適用税率を超えた分だけ税率が上がる仕組みです。たとえば、課税総所得が500万円の人の場合、500万円×20％＝100万円が所得税になるワケではなく、500万円のうち、195万円以下の部分については5％、195万円を超え330万円以下の部分については10％、330万円を超え500万円以下の部分が20％。これらを合計したもの、つまり57万2、500円が所得税の金額になります」

１９５万円×５％＋（３３０万円－１９５万円）×１０％＋（５００万円－３３０万円）×２０％＝９万７、５００円＋１３万５、０００円＋３４万円＝５７万２、５００円

「この計算が面倒なので、通常はこういった速算表を使います」

課税される所得金額	税率	控除額
195万円以下の金額	5%	0円
195万円を超え 330万円以下の金額	10%	97,500円
330万円を超え 695万円以下の金額	20%	427,500円
695万円を超え 900万円以下の金額	23%	636,000円
900万円を超え 1800万円以下の金額	33%	1,536,000円
1800万円超の金額	40%	2,796,000円

安西さんは国税庁のホームページをプリントアウトしたものを見せました。

「控除額というのがあるでしょう？　課税所得額に税率をかけて控除額を差し引けば、一発で計算できるようになっているのです」

「へえ、これは便利だ！」


500万円×20%－42万7、500円＝57万2、500円

確かに、さきほどの計算とピッタリ合います。

「所得税の計算の仕方がわかっちゃった。簡単だね。明日、経理に教えてあげようっと」

お調子者のハジメくんは嬉しそうに手帳を取り出して、メモしました。

「実はこれで終わりじゃないんです。あともうひとつだけあります」

「あれ、まだ引いてくれるんですか？」

「**税額控除というやつです。配当控除、外国税額控除、住宅借入金等特別控除などが該当します**」

それを聞いて竹内がうなずきました。

「ああ、住宅ローン控除ってやつね。友達がマンションを買ったんだけど、税額控除の関係で今年は確定申告しなきゃって言っていた」

「ふうん。僕には関係ない話だな。でもさ、住宅ローンを組んで家を買ったら、税金を安くしましょうっていうのも変な話のような気がするけど」

「税制には、いろいろと政策的な意図が反映されているんですよ。国としては、日本の景気をよくするために、家を買ってほしいようです。税制で優遇しているというのは、そういうことです」

安西さんは言葉を続けました。

「こうして所得税の納税額が計算できましたね。**すでに源泉徴収されている金額と比較して、源泉徴収額のほうが多ければ、還付を受けることができます**」

「それで、毎年１２月は少し潤う気がするんですね」

「事業所得のほうも、計算の仕方は同じですか？」竹内が安西さんに尋ねました。

「基本的には同じですよ。ただ、給与所得控除の代わりに、経費の実額で計算します。給与所得控除は、給与を上回ることはありません。つまり、赤字にはならないのですが、事業所得は赤字になる場合もありますよね。赤字であれば、所得税を納税する必要がありません」

「赤字じゃ生活できないものなぁ。たくさん納税できるくらいになるよう、俺も頑張らなくっちゃ！」

竹内はビールを飲み干しました。

「マスター、お会計お願い」

ハジメくんがすかさず言います。

「今日の飲み代は、竹内の経費にしてよ」

「仕事と関係のない飲み代は、経費にならないよ！」

＊＊＊

サラリーマンの経費は概算で

所得税の全体像がおわかりいただけたでしょうか。

サラリーマンは必要経費が認められない、と誤解している人が多いのですが、実は「給与所得控除」という概算での必要経費が引かれるのですね。実額での控除をすることになると、同じ給料でも経費は人それぞれになり、年末調整をしている会社の手間が大変なことになってしまうからです。そして、この概算控除額は高めに設定されています。次ページの表をご覧ください。

欧米における概算控除額は、たとえばフランスは収入の１０％ですし、ドイツは約１３万円の定額です。一方、日本では最低６５万円が控除され、収入に応じて控除額も上がっていきます。ただし２０１１年の改正で、控除額の上限は２４５万円となりました。収入１，５００万円を超えると、控除額は一律２４５万円です。

給与所得控除の最低額６５万円と、納税者全員一律に控除される基礎控除３８万円を足すと１０３万円。給与所得が１０３万円を超えなければ、所得税はゼロとなります（俗に

給与等の収入金額 （給与所得の 源泉徴収票の支払金額）	給与所得控除額
180万円以下の金額	収入金額×40% （当該金額が650,000円に 満たない場合には650,000円）
180万円を超え 360万円以下の金額	収入金額×30%＋　180,000円
360万円を超え 660万円以下の金額	収入金額×20%＋　540,000円
660万円を超え 1060万円以下の金額	収入金額×10%＋1,200,000円
1060万円超の金額	収入金額×　5%＋1,700,000円

言う「103万円の壁」については、またのちほどお話しします）。

また、1987年の所得税法改正で導入された「特定支出控除制度」は、サラリーマンでも実額控除を認める制度ですが、あまり機能していません。特定支出の範囲が、通勤費・転居費・研修費・資格取得費・帰宅旅費の5種類のみに限定されており、合計しても給与所得控除のほうが断然大きいので、利用する人が年に数人しかいないのです。税制改正によって2種類が追加され、適用判断基準も半額となりましたので、今後増える可能性もありますね。

このように、国際的に見ても高すぎるくらいの給与所得控除額。さらに、その控除額よりも経費を使っているなら実額控除も認めている。では、サラリーマンが感じている負担感や不公平感は、いったいどこから来ているのでしょう？

ひとつには、**自分自身で確定申告を行わないのが普通であるため、所得税に関する知識がないこと。**そしてもうひとつは、**事業所得などの他の所得者は、ある程度自分で所得をコントロールでき、さまざまな特典があるように見えること**でしょう。

クサイとかクロヨンと言われるように、サラリーマンの所得はほぼ正確に把握（捕捉）されるのに、自営業者はグレーゾーンが多いのは確かです。そして、のちほどバーでの会話でも出てきますが、家族に給料を支払うようにすれば、二重に控除することもできてしまったりします。

前章で出てきた「応能負担の原則」どおり、所得税は所得の高い人が多めに税金を負担するように設計されています。超過累進税率の仕組みです。**単純に税率を上げていくのではなく、超えた部分にかかる税率を上げる**ところがポイント。そうしないと、勤労意欲が下がる場合があるからです。

たとえば、12月30日までの所得が330万円で、翌日も働くと331万円になるという場合。1万円の差で、税率が10％から20％に跳ね上がってしまうなら、330万円にとどめておこう！と思いますよね。しかし、超過累進課税なら330万円を超えた1万円についてのみ税率20％となるわけですから、1万円のうち2，000円が税金で、手もとには8，000円が残ります。さすが、よく考えられていますね。

さまざまな用語が出てきましたので、所得税の計算の仕方を一度まとめておきましょう。

所得税の計算の仕方

	給与収入
−	給与所得控除（法定の概算額 or 特定支出控除の特例）
＝	所得

	所得
−	所得控除（基礎控除、扶養控除、生命保険料控除など）
＝	課税総所得

	課税総所得
×	税率（超過累進税率）
＝	所得税額

	所得税額
−	税額控除（住宅借入金特別控除など）
＝	納税金額

ひとくちに「控除」といっても、どの段階での控除かによって税額は大きく変わってくることがわかります。所得控除が１００万円の場合、税金が１００万円安くなるわけではありません。課税総所得が１００万円分減るだけです。この人の税率が５％であれば、所得税としては５万円減ることになります。

一方、税額控除が１０万円の場合は、ダイレクトに税額が減るわけですから、１０万円減るのです。

それでは、高所得者にとっては所得控除と税額控除、どちらが有利でしょうか？

所得２，０００万円の人から１００万円の所得控除をする場合、税率４０％の部分から１００万円が減ることになります。つまり、４０万円分税金が減ります。

所得５００万円の人から１００万円の所得控除をすると、税率２０％の部分から１００万円が減るのですから、２０万円分税金が減ります。

税額控除の場合は、所得の大小にかかわらず同じ額が引かれますね。２０万円なら２０万円、税金が安くなります。

ということは、**高所得者にとってみると、所得控除のほうが有利です。**たくさん所得控除があれば、税率の高い部分が減っていくわけですからね。**低所得者からすると、税額控除のほうがありがたい、**ということになります。

今後、税制の改正があって、新たな控除額ができたり廃止されたりするときには、どの部分の控除なのか確認したいところですね。

子ども手当と扶養控除はどっちがトク？

2010年の4月よりスタートした子ども手当。少子高齢化がますます進む中で「次代を担う子どもの育ちを社会全体で応援する」という観点で設けられました。

中学校修了（15歳以下）までの子ども一人につき月額1万3、000円を支給するのですが、所得制限が設けられておらず、一律にこの金額であるため「高所得者優遇ではないか」という疑問があります。

あなたはどう思いますか？

厚生労働省のホームページを見ると、この疑問に対する回答がこう書かれていました。

「子ども手当の創設とあわせて、年少扶養控除（15歳以下に適用）が廃止されることとなっていますが、所得控除は、同額の所得を控除した場合、高所得者に適用される税率が高いことから、高所得者の負担軽減額は大きい一方で、低い税率の適用される低所得者の負担軽減額は高所得者より小さくなります。子ども手当は、相対的に高所得者に有利な所得控除から、相対的に支援の必要な人に有利な手当に切り替えるという『控除から手当へ』の考え方に沿って実施するものです。

このため、税制改正も含めた全体の政策をみた場合、高所得者優遇ということではないと考えています」

なんだか、わざとわかりにくくしているのではないか、と思ってしまいますが……。

所得控除の中には「扶養控除」があり、扶養している親族の分として一人あたり38万円を控除するのですが、そのうち15歳以下の子どもの扶養控除を廃止することになっています。年少扶養控除を廃止して、子ども手当の財源にあてよう、というわけです。

さきほどの所得控除１００万円の例と同じように、３８万円の扶養控除は、高所得者にとって有利でした。税率４０％の部分から３８万円を控除すれば、１５万２、０００円です。税率２０％の部分から３８万円を控除すれば、７万６、０００円。このように、税率が変わるので控除額が変わるのでしたね。

それを廃止して、一律に月１万３、０００円の子ども手当を支給すれば、むしろ低所得者に有利でしょう、と言っているのです。

たとえば、所得額が2、０００万円の世帯で１５歳以下の子どもが２人いる場合は、７６万円の扶養控除がなくなり、３０万4、０００円の増税となりますが、子ども手当が年間３１万2、０００円ですから8、０００円のプラス。所得額が５００万円の世帯で１５歳以下の子どもが２人いる場合は、同じく７６万円の扶養控除がなくなり、１５万2、０００円の増税となりますが、子ども手当が年間３１万2、０００円なので１６万円のプラスです。

ただし、他にも要素がいろいろあります。これまで支給されていた「児童手当」制度が廃止されたため、その消滅額を加味すると、子どもの年齢や人数によって差額が変わってきます。児童手当は第1子と第2子に5、000円、第3子以降や3歳未満の子に1万円だったので、子どもが多かったり、まだ小さかったりする場合には負担が増える可能性があります。

また、高校生（16歳から18歳まで）に対してはこれまで「特定扶養控除」という上乗せ部分があったものを廃止するのみで、子ども手当が支給されませんから、高校生のいる世帯にとっては負担増です（平成23年度所得税より適用）。

それでは、事業所得者の特典（?）や103万円の壁などについて、もう少し突っ込んで考えてみたいと思います。また「ヘブン」に行ってみましょう。

＊＊＊

結婚すると税金が安くなる?

１週間後、またスーツの男と革ジャンの男が連れ立って、バー「ヘブン」にやってきました。

「いらっしゃいませ」

今日も客は二人だけのようです。

「いやー、偶然銀座で会っちゃって。先週久しぶりに飲んだばかりなのに、不思議なもんですよ。で、なんとなく、またあのバーに行く？ってことになりましてね」

ハジメくんは饒舌です。

二人はカウンター席に座り、ビールを注文しました。乾杯してから、竹内はこう切り出しました。

「実は、マスターに聞きたいことがあるんです」

「はい？」

安西さんが聞きかえすと、竹内は少し恥ずかしそうに口ごもりながら言いました。

「俺には8歳年上の彼女がいて、その、なんていうか結婚したほうがいいのかなって」

ハジメくんはビールを噴きそうになりました。

「本当かよ！　すげぇなぁ」

「おめでとうございます。では1杯サービスしましょうかね」

安西さんは微笑んで言いました。

「それで、私に聞きたいこととは？」

「一緒に住むなら、結婚したほうが税金が安くなるって聞いたことがあるのですが、本当ですか？」

「ある場面では、本当です。でも、竹内さんの場合はあてはまらないのでは？」

「どうしてですか？」

「彼女さんはキャリアウーマンでしょう？」

「はい、広告制作会社のクリエイティブディレクターです」

「結婚したら、お仕事は辞められるのですか？」

「いえ、たぶん辞めないと思います」竹内は軽くうつむきました。

「でも将来は俺の仕事を手伝ってもらえたらなぁって思っています」

「立派だねぇ！」

ハジメくんは目を丸くしました。

「彼女はなんて言っているの？」

「彼女と話し合ったわけじゃないけど……。今の彼女は忙しすぎるし、子どもを産んだりしたら、とてもやっていけない環境だと思うんです。だから、子育てしながら、俺の仕事を手伝って、今までのキャリアも少し活かせるような感じならいいんじゃないかと」

「なるほど。そういうことでしたら、税金が安くなるというのもあながち間違いではありませんね」安西さんは珍しく真面目な顔をしました。

「さきほどおっしゃっていた、結婚したら税金が安くなるというのは、**配偶者控除**のことだと思います」

ハジメくんは「先週教えてもらった、所得控除のひとつだね」と口をはさみました。

「ええ。配偶者控除というのは、収入がない、または少ない配偶者がいる場合に、所得から一定額を控除するものです。たとえば、専業主婦をしている奥さんがいる場合は、38万円を所得から控除します。配偶者控除は、婚姻して生計を一にしていることが条件で、内縁の者には適用されません。一緒に住んでいるだけじゃダメなんですね。だから、どちらかに収入がなくて同棲しているカップルは、結婚したほうが税金が安くなるということがあります」

「ああ、そういう文脈で聞いたのかもしれませんね」

竹内は軽く首をかしげながら言いました。

「ということは、俺の彼女みたいに収入がたくさんある人は関係ないのか」

「配偶者控除というのは、基礎控除と同じ性格のものです。基礎控除は、すべての人が健康で文化的な生活を送るため、課税されない権利でしたよね。ＯＬさんが自分の収入から基礎控除するように、専業主婦も基礎控除したい。ところが、専業主婦は家事労働をしているけれど、収入がないことになっています。控除したくてもできません。だから、配偶者控除のかたちで夫の所得から差し引くのです」

「なるほど。**夫婦は生計が一緒だから、片方から二人分の控除をしているんだ。**奥さんに十分収入があるなら、奥さん自身の所得から基礎控除をすることになるわけか」

安西さんは「そのとおりです」とうなずきました。

「そして、また応能負担の話になりますが、独身の人と、専業主婦の奥さんと小さな子どもがいる人とでは、収入が同じでも、生活は全然違いますよね？」

「そりゃあそうだ。子どもがいる先輩は、お昼代も切りつめていますよ。いろいろお金がかかりますもん」

「家族のために支出が多くなる人の税金は、減額する必要がありますよね。配偶者控除、扶養控除はそういった意味もあります。さて、いよいよ本題です。結婚して竹内さんの仕事を奥さんが手伝うというプランですが……」

「はい」

「確かに、税金が安くなる可能性大です」

「本当ですか！」

「竹内さんは個人事業主ですから、経費は実額を計上しますよね。**青色申告をしていれば、家族への給料を、不相当に高額でなければ、全額経費にすることができます。**

たとえば、今の竹内さんの収入が１、０００万円で、経費は３００万円としましょう。この場合、所得税計算のスタートは７００万円ですよね。もし、奥さんが竹内さんの仕事を手伝い、それに対して給与を300万円支払えば、経費が300万円追加されますから、1、000万円マイナス600万円、イコール400万円が所得税計算のスタート。要するに、家計は一緒でも、奥さんの給料分を経費化できてしまうのです」

「うわ、それは大きいですね」

「しかも、奥さんは給与所得控除を受けることができる。二重に控除されるようなものです。ちなみに、白色申告の場合は、控除額の上限は86万円です」

「俺は今のところ白色でやっているけど、青色に変えようかな」

「その、青とか白とかって何なの？」

ハジメくんには全然わからない用語のようです。

「所得税の確定申告には、青色と白色の2種類があります。白色申告は、簡単にいうとお小遣い帳みたいなものですね。収入がいくらで経費がいくら、というのを把握すればOKです。一方、青色申告は正規の簿記の原則によってきちんと記帳し、決算書を作成する必要があります。売上規模が小さく、経理にあまり時間をかけたくない人は白色申告を選びますが、青色申告にはいくつか特典があります。家族への給料を全額経費にできるのが、そのひとつです」

竹内は簿記と聞いて、首を横に振りました。

「俺は簿記がサッパリなんです。彼女も苦手そうだしなぁ」

「会計ソフトを使えばむずかしいことはありませんよ。来年チャレンジしてみてはどうですか？　白色から青色に切り替える場合は、青色申告にする年の３月１５日までに届出をする必要がありますから気をつけてください」

「マスターが言うなら、やってみようかな。わからなかったら、また教えてください」

「いいですよ。いつでもどうぞ」

二人のグラスは空になっていました。そろそろ終電の時間です。

「明日も仕事だから、今日はこのへんで。ごちそうさまでした」

会計を済ませ、帰ろうとする竹内にマスターが声をかけました。

「竹内さん、もうひとつだけ……。税金が安くなるから結婚しよう、というプロポーズはまずいと思いますよ！」

＊＊＊

「103万円の壁」と「130万円の壁」

配偶者控除の話が出てきました。配偶者に所得がない場合、最低生活費である38万円の基礎控除ができないので、パートナーの所得から控除するのですね。

ここで、ちょっと考えてみてください。

年収500万円のサラリーマンの夫と専業主婦の妻がいた場合、この500万円は誰のものでしょうか？　二人のもの？

実は、民法上は、夫婦間で財産契約を結ばないかぎり、夫のものです。家計を一にしていようとも、自分の名前で得たものは自分のものになります。だから、サラリーマンの夫の稼ぎは夫のもので、家事労働をしている妻には所得がない、とされるのです。

夫婦財産契約は、結婚前に締結して登記する必要があります。しかも原則としてあとから変更ができない、非常に使いにくい制度です。利用している人はほとんどいません。

しかも、夫婦で財産を半分ずつに分けるという財産契約を結んでいたとしても、税法上の所得はやはり夫のものです。最高裁判決では、所得を夫婦で分けて申告できるのか、という問題に対して、所得税法上は夫の所得だという見解が示されています。

こういった点を自営業者と比べると、不公平な感じがしますね。自営業者なら、夫の仕事を手伝う妻に対して、給料を支払うことができます。安西さんが言っていたように、妻の給与分が経費として控除され、さらに妻の給与には給与所得控除が適用されることになります。

さて、サラリーマンの妻が家計を助けるために、パートに出るとしましょう。妻は給料「１０３万円」を超えない程度にしておく、という話をよく聞きますね。「１０３万円の壁」は根強いようです。

１０３万円とは、給与所得控除の最低限６５万円＋基礎控除３８万円のことです。妻の収入が１０３万円を超えてしまうと、夫の配偶者控除ができなくなって、一気に所得税が増えてしまうから、収入を調整しよう……というのが１０３万円の壁です。

実は、103万円の壁はもうなくなっています。

確かに以前は、収入が一定額を超えると控除が一気にゼロになり、手取りの額が減ってしまうという現象がありました。しかし、1987年に配偶者特別控除制度が導入されてからは、所得に応じて控除額が変化し、一気にゼロになるわけではなくなりました（2003年に配偶者特別控除の割り増し部分は廃止）。

たとえば、妻のパート収入が103万円未満であれば、夫の配偶者控除は38万円ですが、妻がもう少し働いて105万円の収入を得たとします。これで一気に夫の税金が高くなるかというとそんなことはありません。夫の所得からは配偶者特別控除として36万円が控除されます。

夫の税率が10％とするなら、2万円の所得増加に対して税金は2、000円ですから、働いたほうが断然収入アップです。

このように、配偶者特別控除は配偶者の収入が141万円未満の間、収入に応じて変化していきます。

配偶者控除と配偶者特別控除

配偶者控除は、配偶者の合計所得金額が38万円以下の人について、38万円の所得控除をするものです。しかしこの制度は、配偶者の合計所得金額が38万円を超えると、いきなり控除額が０円になります。また、配偶者本人にも（基礎控除以外に所得控除がなければ）所得税がかかります。多くの主婦パートが､年間103万円を超えないことにこだわっている理由です。これを補うものが、配偶者特別控除の制度です。分かりにくい制度ですが、図解すれば理解しやすいと思います。

● 配偶者の合計所得金額が38万円を超えても、いきなり控除額がなくならないようにする。そのために、38万円を超えても一定額まではある程度の控除を認めれば、この問題は解決します。

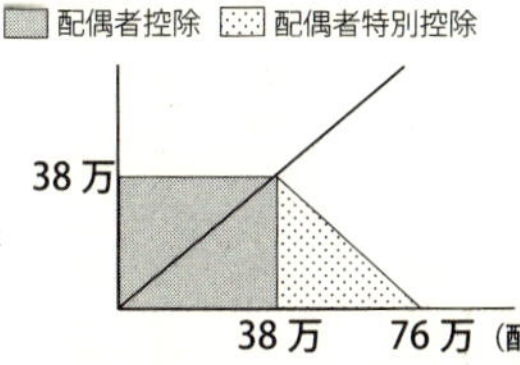

配偶者の合計所得金額が 38万円以下であれば控除額は 38万円です ⇒ 配偶者控除

配偶者の合計所得金額が38万を超えると、徐々に少なくなりますが、76万円までは控除額があります ⇒ 配偶者特別控除

● 平成15年度までは、下図のように合計所得金額が38万円以下の場合にも配偶者特別控除が認められていましたが、この（イ）部分は、平成16年に廃止されました。

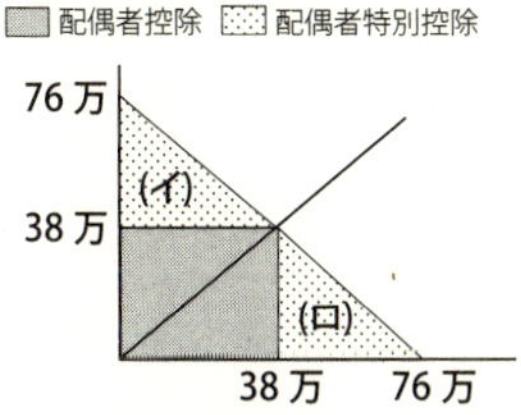

イ ⇒ 控除対象配偶者に該当する場合の配偶者特別控除

ロ ⇒ 控除対象配偶者に該当しない場合の配偶者特別控除

（有）協進会「小さな会社の税務・経理」ホームページより

ただし、130万円のところでは壁があるかもしれません。これは税金の話ではなく、社会保険の話です。妻に130万円以上の収入があると、夫の扶養から外れることになります。妻は、健康保険料や国民年金保険料を自分で納めることになります。ですから、手取額はどうしても減ってしまうのです。

この章では、所得税の全体像と、よくある誤解について解説しました。

次の章では、法人税について見ていきたいと思います。

Column

所得税を計算してみよう

所得税額がどのように計算されるのか、だいたいおわかりいただけましたか？ここで、実際に計算をしてみましょう。

◉サラリーマン編

例）30歳のサラリーマン。年収100万円のパートタイマーの妻と、２歳の子供が１人いる。

❶１年間の収入を計算する

所得税は１月１日から12月31日までの１年間で計算します。１年間の収入を合計しましょう。サラリーマンの方は、給与と賞与を合計します。

給与	＋ 賞与	＝	①

例）給与3,000,000円＋賞与1,000,000円＝4,000,000円

❷給与所得控除を計算する

❶の収入額を下表にあてはめて、給与所得控除額を計算します。

①	×	% ＋	＝	②

例）4,000,000円×20%＋540,000円＝1,340,000円

給与等の収入金額（給与所得の源泉徴収票の支払金額）		給与所得控除額
	1,800,000円以下	収入金額×40% 650,000円に満たない場合には650,000円
1,800,000円超	3,600,000円以下	収入金額×30%＋ 180,000円
3,600,000円超	6,600,000円以下	収入金額×20%＋ 540,000円
6,600,000円超	10,000,000円以下	収入金額×10%＋1,200,000円
	10,000,000円超	収入金額× 5%＋1,700,000円

❺課税総所得を計算する

❸で計算した給与所得額から、❹で計算した所得控除額を差し引き、課税総所得を計算します。

③	−④	=	⑤

例）2,660,000円−1,140,000円＝1,520,000円

❻所得税額を計算する

税率をかけて、所得税額を計算します。

課税される所得金額	税率	控除額
1,950,000円以下	5%	0円
1,950,000円超　3,300,000円以下	10%	97,500円
3,300,000円超　6,950,000円以下	20%	427,500円
6,950,000円超　9,000,000円以下	23%	636,000円
9,000,000円超 18,000,000円以下	33%	1,536,000円
18,000,000円超	40%	2,796,000円

⑤	×	%−控除額	=	⑥

例）1,520,000円× 5％−控除額０＝76,000円

所得税額＝⑥	円

＊このあと、配当控除、外国税額控除、住宅借入金等特別控除など、税額控除に該当するものがあれば、差し引いて納税額を計算します。

❸給与所得を計算する

❶で計算した収入から、❷で計算した給与所得控除額を差し引き、給与所得を計算します。

①	−②	=	③

例）4,000,000円−1,340,000円＝2,660,000円

❹所得控除額を計算する

所得控除を計算します。

基礎控除　380,000円
配偶者控除　380,000円
扶養控除　380,000円

配偶者特別控除に該当する場合

配偶者の合計所得金額	控除額
380,001 ～ 399,999円	380,000円
400,000 ～ 449,999円	360,000円
450,000 ～ 499,999円	310,000円
500,000 ～ 549,999円	260,000円
550,000 ～ 599,999円	210,000円
600,000 ～ 649,999円	160,000円
650,000 ～ 699,999円	110,000円
700,000 ～ 749,999円	60,000円
750,000 ～ 759,999円	30,000円

生命保険料控除、社会保険料控除等はここでは省略します。

所得控除	④

例）基礎控除380,000円＋配偶者控除380,000円＋扶養控除380,000円＝1,140,000円

青色申告をしている場合、最大65万円の青色申告特別控除があります。

所得控除	②

例）基礎控除380,000円

❸課税総所得を計算する

❶で計算した収入から、❷で計算した所得控除を差し引き、課税総所得を計算します。

①	−②	＝	③

例）4,000,000円−380,000円＝3,620,000円

❹所得税額を計算する

税率をかけて、所得税額を計算します。

課税される所得金額	税率	控除額
1,950,000円以下	5%	0円
1,950,000円超　3,300,000円以下	10%	97,500円
3,300,000円超　6,950,000円以下	20%	427,500円
6,950,000円超　9,000,000円以下	23%	636,000円
9,000,000円超 18,000,000円以下	33%	1,536,000円
18,000,000円超	40%	2,796,000円

③	×	%−控除額	＝	④

例）3,620,000円×20%−控除額427,500円＝296,500円

所得税額＝④	**円**

＊このあと、配当控除、外国税額控除、住宅借入金等特別控除など、税額控除に該当するものがあれば、差し引いて納税額を計算します。

◎個人事業主編

例）フリーランスのライター。売上800万円、経費400万円。
白色申告をしている。独身。

❶1年間の収入を計算する

収入は事業の売上から経費経費を差し引いて計算します。

売上	−経費	=	①

例）売上8,000,000円−経費4,000,000円＝4,000,000円

❷所得控除を計算する

所得控除を計算します。

基礎控除　380,000円
配偶者控除　380,000円
扶養控除　380,000円

配偶者特別控除に該当する場合

配偶者の合計所得金額	控除額
380,001 〜 399,999円	380,000円
400,000 〜 449,999円	360,000円
450,000 〜 499,999円	310,000円
500,000 〜 549,999円	260,000円
550,000 〜 599,999円	210,000円
600,000 〜 649,999円	160,000円
650,000 〜 699,999円	110,000円
700,000 〜 749,999円	60,000円
750,000 〜 759,999円	30,000円

生命保険料控除、社会保険料控除等はここでは省略します。

第3章

景気回復とグローバル経済に欠かせない話題

法人税

法人の所得とは

この章では、法人税についてお話しします。法人税も、前章の所得税と同じく、「所得」についてかかる税金です。収入から経費分を差し引いて、残った利益が所得です。正しく言うと、

益金－損金＝所得

となります。この所得に税率をかけて法人税額を出します。

「益金」や「損金」は、税務会計上の用語です。税務会計とは、税金を計算するための会計ですね。企業が自社を管理するための管理会計や、お金を集めるための財務会計とはちょっと違います。**財務会計でいう「収入」や「費用」と、税務会計の「益金」「損金」はイコールではありません。**

たとえば、お客さまと飲食したときの費用を「交際費」として計上する場合、財務会計では全額費用にすることができますが、税務会計では全額を損金処理することはできません。

資本金1億円以下の中小企業であれば、年600万円までの交際費のうち10％、年600万円を超えた分に関しては全額、が損金になりません。これは中小企業にとって、なかなかに大きな問題です。お客さまとの飲食代を支出せざるをえないことも多いものですが、税金は減ってくれないのですね。

他方、資本金1億円を超えている大企業は、最初から全額が損金になりません（このあたりのことは、前著『経理以外の人のための日本一やさしくて使える会計の本』（ディスカヴァー刊）に少し詳しく書きましたので、ご覧いただければと思います）。

ほかにも、役員報酬の「過大な部分」が損金にできないとか、届出のない役員賞与は損金にできないといったことがあります。会社の所得を操作して、税金を減らすことができないように、いろいろとルールがあるのです。

所得の求め方としては、財務会計上の「税引前利益」に「益金算入額」を加算し、「益金不算入額」を減算し、「損金算入額」を減算し、「損金不算入額」を加算します。財務会計の利益を税法上の観点から修正するわけです。

それでは、税率はどうなんでしょうか。

さあ、今日もバー「ヘブン」に行ってみましょう。

＊＊＊

「安西、おまえも老けたな」

バー「ヘブン」の今日のお客さんは、両耳の上の白髪が目立つ、ロングコートの男性一人。

「エリートだったおまえが、急に国税を辞めてバーを始めたっていうから、一杯飲みに来てやったよ」

その男、大塚はバーの中をぐるりと見まわし、カウンター席に座りました。

「久しぶりですねぇ。お元気そうで何より。これ、サービスです」

安西さんは、バナナチップ入りのミックスナッツを出しました。

「お互いもう５０歳だもんなぁ。大学時代からのつきあいだから、かれこれ３０年だな」

「大塚さんはお父さんのお店でお仕事されてるんですか？　ハナマルスーパーでしたっけ」

年齢は同じですが、浪人していた安西さんにとって大塚は先輩なので、敬語で話すクセがついています。

「ああ。もう親父は引退して、俺が社長さ。親父にはできなかったシステム構築をして、一気に売上拡大させたんだぜ。この不況に、たいしたもんだろう？」

「それはそれは」

法人税率引き下げで、景気は回復する？

「しかし日本の税金は高いよなぁ」

大塚はウィスキーを飲みはじめました。

「俺の友達が最近、シンガポールに会社を作ったんだ。シンガポールの法人税はいくらだと思う？　最高18％だぜ。日本の半分以下だ。そりゃあ、日本を出たくなるわな」

「シンガポールは海外から企業を誘致したいのでしょう」

「もうちょっと日本も下げられないのか。どんどん国際化……グローバル化っていうの？　それが進んでいるんだから、税金が高いままじゃ、負けちまうよ」

「日本の法人税率は、2011年度税制改正で5％ほど下げられることになりましたよ」

「そうだったな。菅首相が、景気回復のためにと思い切ったわけだ」

早くもほろ酔いぎみの大塚に、安西さんはグラスを磨きながら質問しました。

「法人税率引き下げで、景気は回復するのでしょうか」

「ん？　どういう意味だ？」

「バブルがはじけて以降、日本の法人税率は引き下げられてきているのですが、景気はよくなりませんね。**法人税率は、ピーク時の1986年には43・3％でしたが、1999年からは30％になりました**」

「今は３０％なんだっけか」

「ええ。住民税と事業税を合わせると、理論上は約４１％になりますが。この理論上の税率を『実効税率』と呼びます。実効税率でいうと、約４１％から約３６％に引き下げられるのが今回の改正です」

「これまで税率が下げられてきたとしても、まだまだ高かったということだろう」

「つまり大塚さんは、法人税率が下がれば景気は回復するとお考えなのですね」

「もちろんだよ。税金が下がれば、企業としては、その分を投資にまわすことができる。人を雇うこともできる。最近の税制改正は、たばこ税増税とかナンセンスなものばかりだったが、法人税の引き下げは歓迎だね」

大塚は、景気回復のためには税金を減らしたほうがいいと考えているようです。

安西さんは2杯目のウィスキーをつくりながら、大塚さんに言いました。

「税金が下がれば経済が活性化するというのは、短絡的な考えだと思いますよ」

「相変わらずカタイこと言うね」

「法人税減税分は約1兆5、000億円になります。そもそも、法人に残った利益をどう処分するかはそれぞれに委ねられていますが、これを丸ごと事業への再投資・雇用に回したとしても、経済成長率は最大で0・3%にしかなりません」

「ふん」

大塚はウィスキーを飲みながら鼻を鳴らしました。安西さんは続けます。

「私には、残った利益を投資・雇用に回すようには思えません。法人税を納めている企業は儲かっている大企業がほとんどで、その儲けは株主への配当や内部留保に回されることが多いのですよ。

さらに、国の税収としては1兆5、000億円が減ってしまうわけですから、この財源をどうにかしようとしています。どこから集めるかというと、結局は税金です。法人税の優遇措置を見直したり、所得税の増税、あるいは消費税の増税によって埋めようとしています。これじゃあ景気回復はムリでしょう」

「しかしね。景気回復のために税率を下げることに乗りだしたっていうニュースは、我々を元気にしてくれるじゃないか。国の財政が厳しいことはわかっているさ。財源をなんとかしなきゃいけないんだろう。理屈はわかる。でも、精神的な部分って大きいもんだよ。税金が減ったなら、景気がよくなるかもしれない、よし頑張ろうって思うことが大事なんじゃないか」

「確かにそういう部分もあるでしょうね」

「ただ、法人税率5％引き下げぐらいじゃ、思い切りが足りないとは思うがね。海外にはもっと思い切っている国がいくらでもあるだろう。タックス・ヘブンだっけ？」

「タックス・ヘイブンです」

安西さんは思わず笑いました。

「税金天国ではなく、税金避難所ですね。ヘイブンとは避難所のことです。**国際取引の拠点となることを目指して、税金を著しく安く、あるいは免除している国のことをタックス・ヘイブンといいます**」

「ヘブンじゃないのか。この店の名前はタックス・ヘブンから来ているのかと思ったよ」

「面白いことをおっしゃいますねぇ」

安西さんはいかにもおかしそうに笑っています。

「まぁ、私にとっては避難所であり天国でもありますが」

しかし、国税を辞めてバーに避難したあとも、安西さんの周りでは何かと税金の話が繰り広げられていますが……。


「ところで、国際的に見て日本の法人税が高いという論調がありますが、私は決して高いわけではないと思っています」

「どうしてだい？」

「理論上は確かに約41％ですが、実際は20％から30％程度になっているからです。

大塚さんの会社も、利益の30％くらいを納めているという実感ではないですか？」

「うーん。正直、何％かっていうのはわからない。経理は女房がやっているから。でも、高いよ」

「資本金はいくらですか？」

「3、000万円だけど」

「それでしたら、減税措置があります。法人税の原則は30％ですが、資本金1億円以下の企業については、所得800万円以下の部分については18％（2011年税制改正で15％に下がる）になります。800万円を超えると、超えた部分は30％です」

「そうか」

大塚は首をひねっています。

「じゃあ、中小企業は40％になるわけがないな。でも俺の周りもみんな、日本の法人税は高いって言っているが」

「20％から30％でしょう。**赤字だった年の繰越欠損金も7年まで繰り越せますし**」

「そういえば、親父が社長だった頃に大赤字を出したことがある。そのマイナスを繰り越すことができているわけか」

「ええ。たとえば、今年300万円の所得だけれど、昨年200万円の赤字を出していたのなら、300万円マイナス200万円で、100万円に対して税率をかけることになります」

安西さんは続けます。

「ちなみに、**日本には会社が260万社あると言われていますが、中小企業の7割が赤字、資本金1億円以上の大企業でも5割が赤字と言われています。**赤字である場合、そもそも法人税は課税されません」

「近所のCD屋の社長なんて赤字っぽいのに、法人税が高いとか言っていたぞ。なんだあれは、見栄か」

安西さんは思わず噴きだしながら、「そういうわけでもないでしょうが」と言いました。

大企業ほど法人税の税率が低くなる？

大塚はふうとため息をついて、ウィスキーグラスを傾けます。

「税金っていうのは不思議なもんだな。日本で、地域で仕事させてもらっている以上、社会のためにきちんと納めたいと思ってる。でも、周りが支払ってないと思うと腹が立つ」

「そうですねぇ」

「しかし、大企業は法人税の負担が大きいわけだ。それだけ儲かっているってことだが」

「ええ。260万社のうち、**資本金1億円以上の大企業の数は3万7、000社ですから、割合としてはたった1・4%です。その1・4%で、国の法人税収のうち6割以上を負担しています**」

「すごいもんだね」

「ただし、大企業ほど法人税の税率が低くなるという話もあります」

「え？　中小企業だけ減税措置があるんじゃなかったのか？」

「実は、法人税にはいろいろな調整があるんです。その調整が、大企業に有利なものが多いんですね。たとえば、**法人間の受取配当金**。本来、会社の利益は株主の利益なので、最終的に株主に配当として分けられます。その際、会社の利益に法人税がかかり、株主への配当に所得税がかかると、二重課税になってしまう。そこで、所得税として前払いした分を法人税で調整します」

「法人から法人へ配当が渡る場合、毎回法人税がかかると、調整がむずかしくなるな」

「そうなんです。だから、最初の1回だけ課税して、配当を受け取った法人には課税しない。つまり、非課税の収入があるということですよね。これを利用しているのは大企業ばかりです」

「中小企業は自分の会社でいっぱいいっぱいなのに、出資なんてしていられないものな」

「そのほか、**研究開発減税**というものもあります。企業が製品開発や技術改良のために支出した試験研究費のうち、一定割合を法人税から差し引くことができる制度です。中小企業でも利用できますが、研究開発費に多額のお金をかけている大企業に有利だ、と言われています。また、**外国税額控除**は、海外に進出した日本企業が、外国で法人税を支払う場合に、日本での法人税からその分を差し引く制度です。こういった調整によって、結果的に大企業の法人税率が下がるのです」

「うーん。よくわからん。まぁ、俺のところみたいな小さい会社にはあまり関係のない減税措置があるということはわかった。結果的に大企業の法人税率が下がって、20％くらいだったとしても、俺らよりはるかに納税しているんだろう？」

「大塚さんはあまり腹が立たないようですね。大企業優遇は不公平だと言う人もけっこういますが」

「そう言われればそうなのかもしれない。しかし、そんなことよりも中小企業が元気になる方法は何かないものか、と思ってさ」

大塚は目を閉じました。だいぶ顔が赤いようです。

安西さんはそっと水を出しました。

「ともあれ、俺は偏った情報を鵜呑みにしていたようだ。もうちょっと勉強してみるよ」

＊＊＊

日本の法人税は高いって本当？

日本の法人税率は高いといわれます。

諸外国に比べて、日本の法人税率が高いから、企業が海外に流れていってしまう。産業の空洞化を防ぐために、法人税率を引き下げろ、という議論をよく聞きます。

本当でしょうか。

次ページのグラフを見ると、確かに日本の実効税率は高く見えます。20%台の国も多いのに対し、日本は40・69%もあります。

実効税率とは、法人税・住民税・事業税を合計して調整したあとの税率のことです。法人税・住民税・事業税をそれぞれ計算して合計すると税率はもっと高くなるのですが（表面税率）、事業税は支払ったときに経費計上できるという事情があるので、調整します。理論上、実質的な税負担のことです。

ざっくりと税金の話をするときに、「法人税を40%として計算すると……」などと私もセミナーなどでよく言いますが、それは、この実効税率から来ているわけです。

しかし、安西さんも言っていたように中小企業には軽減税率適用措置がありますし、大企業もさまざまな減税の恩恵を受けて、結果的に、納めている法人税は20〜30%ということが多いのです。数で言えば、「大半の企業はそもそも法人税を納めていない」ということも知っておく必要があるでしょう。

また、社会保険料の会社負担分を合わせて考えると、日本の企業の公的負担は決して高

法人所得課税の実効税率の国際比較

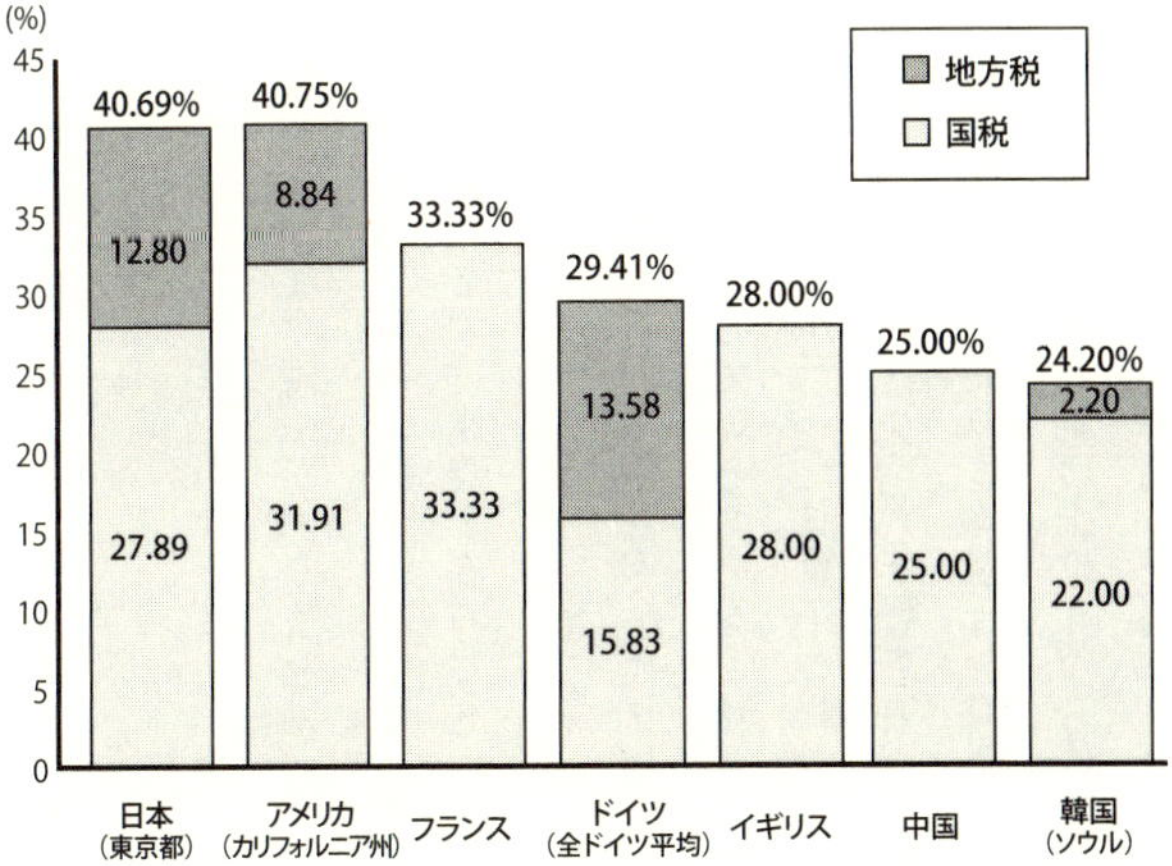

日本（東京都）	アメリカ（カリフォルニア州）	フランス	ドイツ（全ドイツ平均）	イギリス	中国	韓国（ソウル）
法人税率：30% 事業税率：3.26% 地方法人特別税：事業税額×148% 住民税：法人税額×20.7%	連邦法人税率：35% 州法人税率：8,84%	法人税率：33 1/3%	法人税率：15% 連帯付加税：法人税額×5.5% 営業税率：13.58%	法人税率：28%	法人税率：25%	法人税率：22% 地方所得税：法人税額×10%

（財務省ホームページより抜粋・2010年1月現在）

くないという見解もあります。法人税としては少ないけれど、社会保険料をたくさん負担しなくてはならない国もありますから。

国際競争力をつけるために法人税率を引き下げるべき、という議論がありますが、理論上の実効税率のみの比較ではあまり意味がありません。

税務上の益金と損金の扱いや、研究開発・設備投資を促進するための優遇措置、中小企業の軽減税率などは各国で違います。比較するのであれば、本当はこういった調整をしたうえで負担割合を見る必要があるわけです。

しかし、実際に調整して比較するとなると、かなりむずかしい。そこで、架空のモデル企業を設定し、納税額を国際比較しているものをご紹介しておきましょう。財務省の委託に基づいて、KPMG税理士法人が行った試算がこれです（次ページ）。

ここでは、自動車製造業、エレクトロニクス製造業、情報サービス業、金融（銀行）業の4つの業種について、それぞれ企業の負担割合を国際比較しています。どのように計算しているかというと、日本企業の売り上げ上位4～5位の2005年度財務諸表をベースに、モデル企業の財務諸表を作成し、各国の税制と社会保険料制度を適用しています。

法人所得課税の実効税率の国際比較

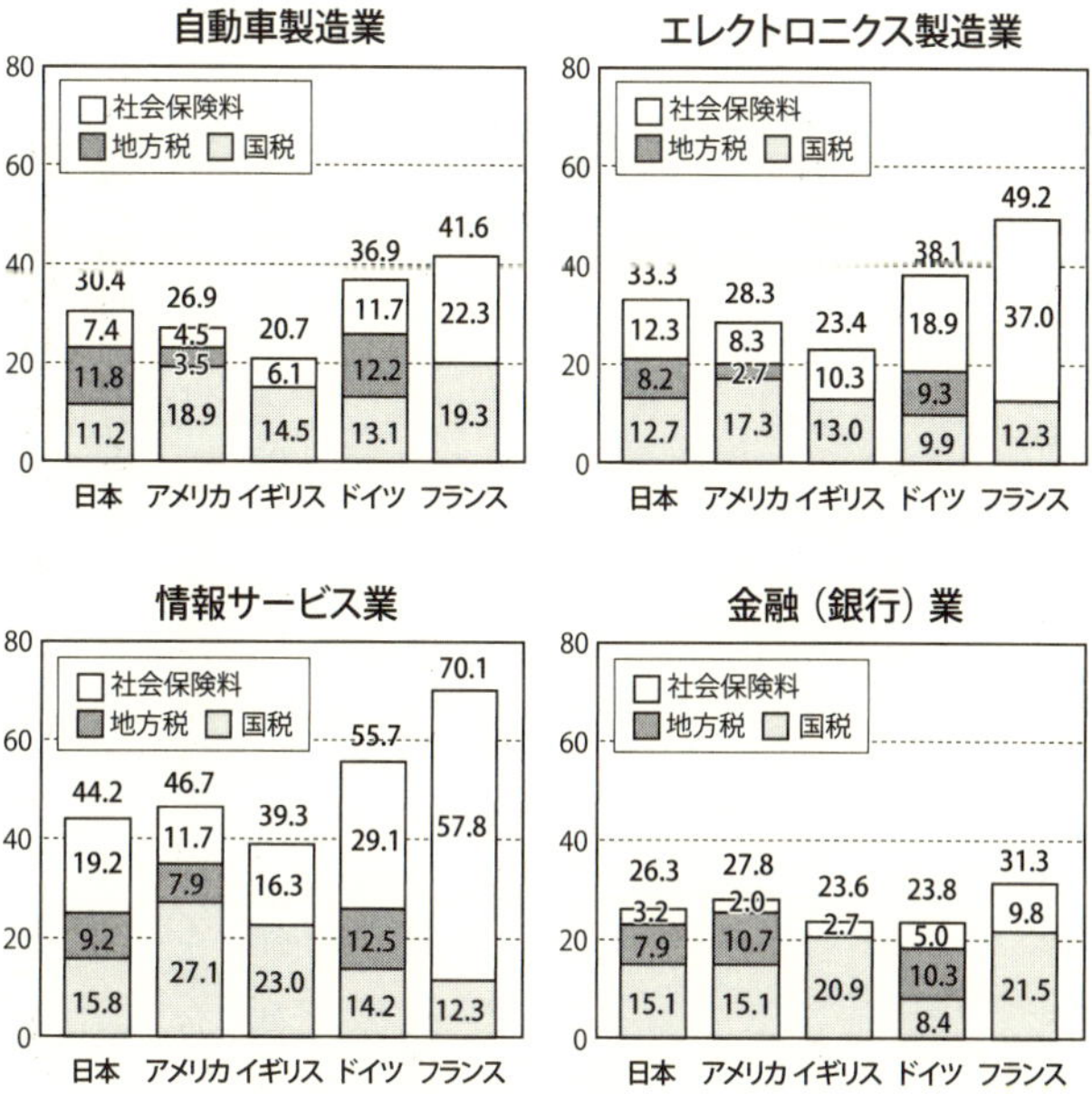

※なお、アメリカの企業が負担する民間医療費は、自動車製造業15.4%、情報サービス業1.8%、エレクトロニクス製造業2.1%、金融業0.7%であると推計されている。

（財務省『平成22年度税制改正大綱～納税者主権の確立に向けて～』2009.12.22 より）

これを見ると、**日本の社会保険料を含めた企業負担は、アメリカ、イギリスよりは高く、ドイツ、フランスよりは低い傾向がありますね。**

こういったモデルケースでの比較は、同じ業種で海外進出する場合に参考となります。ただし、各国の税制や社会保険制度を適用する際には、仮定の前提条件でやっているので、条件が変われば結果も変わります。

ほかにも、業種や国を変えて行ったモデル企業比較や、アンケート調査などがありますが、いずれにしても、国全体として法人税が高いのか低いのか?という議論に使うにはむずかしいでしょう。すべての企業の数字を出すことは現実的でなく、比較対象は大企業のみになっているからです。

また、日本の法人数は国際的に見て多い、ということも付け加えておきましょう。ストーリーでも出てきたとおり、日本の法人数は260万社。それに対して、ドイツ、イギリスは62万～63万社、フランスは94万社、アメリカでも225万社です。

他の国では法人化しないような場合でも、日本では「法人成り」して、法人税の対象になっているといえそうです。中小・零細企業が多いのです。法人にすることで、それだけメリットがあるということですね。

法人化すると、どれだけトクか

法人化のメリットとしてよく言われるのは、やはり税金の話です。

たとえば、個人事業主のAさんが、所得1、500万円を見込めるとしましょう。この場合は、収入から費用を引いたものが所得ですね。（簡単にするために、所得控除は考えず計算します）

個人事業者としての所得税：1、500万円×33％−控除額153万6、000円
＝341万4、000円

このように、納税額は341万4、000円となります。

ここで、Aさんが法人成りして、自分への給与を600万円に設定したとします。1、500万円から600万円を引いて、900万円が会社の所得になります。資本金は1億円以下の中小企業です。

個人の給与にかかる所得税：(600万円−給与所得控除174万円)×20%
−控除額42万7、500円＝42万4、500円

法人税：800万円×18%＋100万円×30%＝174万円

個人の給与所得税と法人税を合わせると、216万4、500円です。個人事業主でやっていたときに比べて、Aさんの納税額は124万9、500円も減りました。

さらに、たとえば奥さんや息子を役員にして給与を支払うと、給与所得控除が増えますので、もっと納税額は下がります。前章でも出てきましたが、所得は分散するほうが税金的にはトクなんです。

このように一般的には、所得が800万～1,000万円を超えたら法人成りしたほうがいいと言われます。むずかしいのは、所得の見込みが実際にはどうなるかわからないことです。

2,000万円を見込んで、自分への給与を1,500万円に設定したところ、実際には1,500万円にしかならず、会社に利益が残らなかった場合はどうなるでしょうか。

この場合、法人の所得はゼロですから法人税はかかりません。一方、個人の給与所得は、

個人の給与にかかる所得税：（1,500万円－給与所得控除245万円）×33%－控除額153万6000円＝260万5,500円

となります。

給与を600万円に設定していたときより、納税額は上がりますね。でも、個人事業での1,500万円と比べれば、給与所得控除があるぶん、やはり抑えられています。

会社の利益にするか、役員報酬（給与）にするかで納税額が変わるのだったら、うまいことコントロールすればいいんじゃないの？と思うかもしれませんね。

ただ、思ったより儲かりそうだからと、**期の途中で役員報酬を増額したり、ボーナスを出したり、というのはできません。**

本章の冒頭でも触れましたが、役員賞与は原則として損金にすることができません。ボーナスを出すこと自体はかまわないのですが、それによって納税額を操作できては困るので、損金にならないのです。

結局、役員報酬を適正な額にする、という以外にありません。

さて、少し話がそれましたので、日本の法人税は高いのか？という問題に戻りましょう。

これまで見てきたとおり、日本の企業の負担割合を海外と比べて「最高水準だ」とも、「普通だ」ともいうことができます。誰にとって高いのか、という視点も必要です。

これからの法人税のあり方を議論する際には、単なる税率の比較にとどまるのでなく、この国がどういう理念を持って、どこに向かいたいのかについて話し合うことが重要なのではないでしょうか。

2011年度税制改正で、法人税の実効税率が5%引き下げられることになりましたが、その根拠は「デフレ脱却と雇用拡大のため」ということでした。

日本経団連は、日本の法人税が諸外国と比較して高いので、国際競争力をつけるために税率の引き下げを要請してきました。

5%引き下げを決定した菅首相は「思い切って法人税を5%下げ、経済界がそのお金を国内投資や雇用拡大に使う。国内の景気を引き上げ、デフレ脱却をしていきたい」と言っています。

財源の問題などは残りつつも、この決断は経済界から一定の評価を得ているようです。はたして、今後どのようになっていくのでしょうか。

次章では、誰にとっても馴染みがあり、増税の論点にもなりやすい消費税について解説しましょう。

第4章

簡単なようで、意外とむずかしい税金

消費税

消費税が上がるとお店は儲かる?

生活しているかぎり、必ずかかわってくるのが消費税です。もっとも身近な税金といえるでしょう。この章では消費税について見ていきたいと思います。

「消費税なんて、そんなにむずかしくないのでは?」と思われるかもしれません。人によって優遇があったりするわけではないからです。でも、私が国税時代に、しばらくわからなかったのが消費税でした。

実は、消費税はそれほど簡単ではありません。意外と誤解されている部分も多く、基本的な仕組みも、みんなが知っているというわけではないようです。

たとえば、デパートなどで「消費税還元セール」が行われていることがありますが、あれはどういった仕組みなのでしょう?

また、マスコミにときどき取り上げられる「益税」とは何なのでしょう?

バー「ヘブン」で税金講座があるようなので、ちょっとのぞいてみましょう。

＊＊＊

「マスター、知り合いにお金持ちの独身はいない？」

ギムレットを飲みながら話しかけているのは、大野ユカ。２０代後半、派遣社員として外資系企業の経理事務をしています。

「コンカツ中ですか？」

「この間、この近くで合コンがあったんだけど、信じられる？　ニートが来たのよ。なんか大きな夢は語っていたけど、いま何やっているのって聞いたら、無職だったの！　ありえない」

ギイ、と扉がひらく音がしたので振り向くと、サングラスの男が立っています。ユカを見てぎょっとした顔になりました。

「あっ、キミはこないだの……」

「あら」

ユカもちょっとバツの悪そうな顔をしています。

「奇遇ね」

「クマダ先生、どうぞ。いつものやつをつくりますよ」

安西さんはユカの隣の席をすすめました。

隣に座ったクマダを無視して、ユカは再び話しはじめました。

「ねぇマスター、この間、IT企業の社長に会ったんだ。いい時計していたし、お金あるんだろうなぁ。でもやっぱり遊んでいるよね。どういう人が一番いいんだろう」

安西さんはにこにこしながら、「ユカさんはどういう人がいいんですか?」と尋ねました。

「真面目な人がいいな」

「真面目でも、お金はないかもしれませんよ」

安西さんの言葉に、クマダがうなずきます。

「むしろ、真面目にやっている人ほどお金がないんだよ。この国の消費税はおかしいからね!」

クマダはカンパリソーダをぐっと飲み、今日も熱弁をふるいだしました。

「マスター、俺は気づいたんだ。消費税率アップ自体が問題なんじゃない。問題は、もっと根本的なところにあるんだってことにね」

ユカはしらけた表情で、テーブルに肘をつきました。

「消費税と真面目に何の関係があるのよ。みんな同じ率だけ負担しているんだし、脱税だってできないしさ。のらりくらりしてないで、とっとと増税すればいいんじゃない」

消費税アップと「益税」

「ユカさんは消費税率アップには賛成ですか？」

安西さんが尋ねました。

「仕方ないと思うの。少子高齢化は進んでいるし、国は借金だらけだし。私たちが将来も安心して住める国にするには、財源がないとまずいんでしょ」

「ここでの飲み代も高くなってしまいますが、かまいませんか？」

「かまいませんか？って……。私が『いやだ！』って言ったらどうなるの？」

安西さんは微笑みました。

「お帰りいただくか、私が自腹を切るかです」

「ジバラ？　変なの」

ユカは笑いました。

「私の代わりに消費税を払ってくれるわけ？」

「そのとおりです。**消費者は納税義務者ではないんですよ。納税義務があるのは、事業者のほうです。**私はユカさんから消費税分を受け取っていようといまいと、納税しなくてはならないのです」

「ちょっと待ってよ、マスター。このお店は、どう見ても免税だろう。確かに、消費税の納税義務は事業者側にある。でも、すべての事業者が納税義務を負っているわけではない。年間売上高が1、000万円以下なら、免税事業者だから消費税を納めなくていいんです。ついでにいうと、資本金1、000万円に満たない会社の設立後2年間も免税のはずだ」

クマダは会話に割って入ると、再び熱く語りはじめました。

「消費税率アップによって、ここの飲み代を上げるということはどういうことか？　我々が消費税だと思って支払ったものがマスターの儲けになるとは、いわゆる益税じゃないか！　国のためにやむをえないと思って支払った消費税が、事業者の懐に入っているなんておかしいでしょう」

「じゃあ、マスターにとっては、消費税率アップはいいことなのね。利益が増えるんだから、よかったじゃない。私も免税事業者をつかまえようっと。でも、外から見て免税事業者かどうかなんて、わからないわよね」

ユカはミックスナッツをつまみながら、軽く言いました。

クマダはまだ続けます。

「外から見てわからないのが、またおかしいんだ。消費者は騙されている。2004年に免税点が3、000万円から1、000万円に引き下げられたけれど、それでも免税事業者は約4割もいるという計算になる。消費税を黙って懐に入れる事業者が4割もいるんだ！それなのに増税なんて馬鹿みたいじゃないか」

「消費者と事業者では、消費税の考え方がまるで違うようですね」

安西さんはユカの前にある皿にナッツをつぎ足しながら、涼しい顔をしています。

「たとえば、このナッツ。今は３１５円で仕入れています。本体価格が３００円で、消費税が１５円です。消費税が１０％になったとしましょう。私はこのナッツを３３０円で仕入れることになります。今、お客さまには６３０円でお出ししていますが、消費税１０％になったときに、免税事業者だからということで６３０円のままにしたらどうなりますか？」

「原価が高くなったのだから、利益が減るわね」

「そうなんです。それは困るということで、６６０円でお出しすることにします。すると、６６０円マイナス３３０円で、３３０円が手元に残ります。消費税５％のときは３１５円でしたから、１５円増えました。確かに免税事業者であれば、この１５円は利益になります」

「うーん、よくわからなくなってきたわ」

ユカは首をひねります。

「それでは、これを見てください」

安西さんはコースターに数字をメモしはじめました。

「ナッツが、ヘブンで出されるまでの流れです。量販店は、メーカーから１５７円で仕入れます。そして３１５円で売ります。ヘブンは３１５円で仕入れて、６３０円で出します」

「私は６３０円を支払うわけよね。ふつう、そのうち消費税が３０円だと認識するわ」

「では、その３０円は誰が税務署に納めるのでしょうか？」

「ヘブンじゃないの？　免税事業者でなければの話だけど」

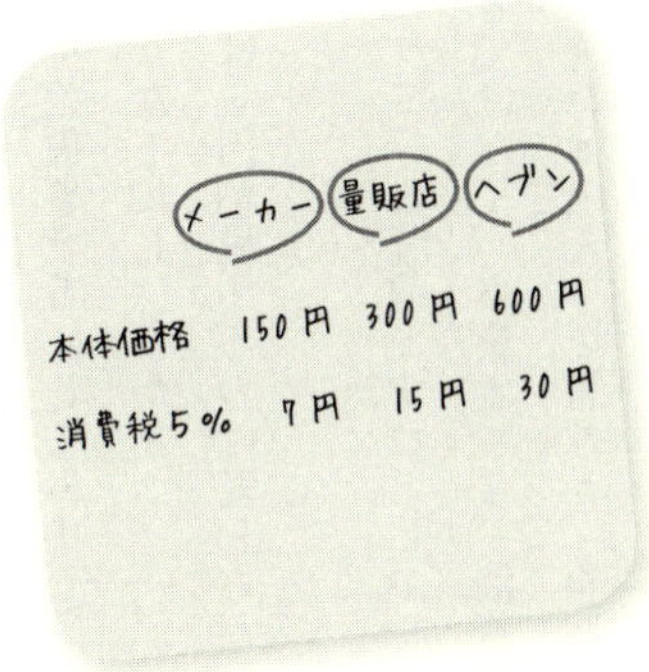

「ヘブンが納めるのは15円です。消費税の納税額は、課税売上×税率−課税仕入×税率で計算するので、600円×5%−300円×5%＝15円なのです」

「じゃあ、私が支払った消費税のうち、残りの15円は？」

「量販店が8円、メーカーが7円納税します。量販店も同じように300円×5%−150円×5%で納税額を計算するのです」

「分散して納税しているのね」

「それでは、この流れのうちで1社を免税事業者にしてみましょう。真ん中の量販店が免税事業者だった場合は、30円はどうなるでしょうか？」

「ヘブンは15円納税し、メーカーは7円納税するのは変わらないわよね。量販店は8円を自分の利益にしてしまうということ？」

「そうなんです。それが益税と言われている問題ですね。しかし、不思議ではありませんか？　消費税の納税義務者は消費者ではなく、事業者です。消費者が消費税を支払うのがイヤだと言えば、事業者は『じゃあ売りません』と言うか、自腹を切るかなんですよ」

「売りません、とはなかなか言えないわね」

「**結局は力関係によって決まるということです。**ヘブンが量販店に、もっと安くしてくれと言い、ヘブンが強ければ量販店は値下げするでしょう。ヘブンも、お客さまが減ってしまえば、価格を下げます。消費者は３０円を消費税だと考えていますが、事業者からしてみると対価の一部のように感じます」

「でも、消費税は消費者から預かっているお金じゃないか」

クマダが口をはさみました。

「あくまでも、税金なんですから。ちゃんと納めてくれなくちゃ」

安西さんは、クマダの言葉を待っていたかのように答えました。

「消費税は、預かり金だと言われることがよくありますね。昔、そういったキャンペーン広告をたくさん見かけました。しかし、面白い判決文があるので、ここでご紹介しておきましょう。

１９９０年に、消費税は憲法違反であるとする国家損害賠償請求事件があったのですが、東京地裁にてこれが棄却されました。その判決理由の中に、『消費者が消費税相当分として事業者に支払う金銭はあくまで商品ないし役務の提供の対価としての性質を有するものであって、消費者は税そのものを恣意的に徴収されるわけではない』という一文があるのです。**裁判所が、消費税は対価の一部だと言っているわけです**」

「えー、そうなの？　なんだか消費税って、売上げに対する税金みたい」

ユカの感想に、安西さんはうなずきました。

「消費者から預かったお金を納めるだけなら、滞納もないはずですよね。ところが、**消費税はもっとも滞納が多い税金なんです。**ワーストワンです」

クマダはこぶしをつくって、カウンターを軽く叩きました。

「ひどい。益税だけでなく、滞納の問題もあるんだ」

「現実には、消費税分を価格に上乗せできない事業者がたくさんいるんです。消費税が支払えなくて、差し押さえられてしまったという例はいくつもあります。消費税率が上がると、苦しいのは事業者じゃないでしょうか？」

安西さんは淡々と語って、そして付け加えました。

「まぁ、どこにも悪質な業者というのはいるでしょうが」

「消費税ってシンプルなんだと思っていたけど、ややこしいのね。個人事業とか零細企業は大変そうだわ。やっぱり、どこかいい会社のサラリーマンをつかまえたほうがいいかな」

税金対策で派遣会社をつくるのはダメ

「消費税率が上がると、雇用にも影響があるかもしれません」

「どういうこと？」

「**給与には消費税がかかりません。**一方、**派遣社員を使用する場合には、消費税がかかります。**さきほど、消費税納税額の計算は課税売上×税率―課税仕入×税率だと言いましたよね。このうち、課税仕入が増えれば、納税額が減ることがおわかりでしょう」

安西さんはまたコースターに数字をメモしはじめました。

「人件費300万円の人が、1000万円の売上げを上げているとします」

「私たち派遣社員は、消費税の面でも都合がいいわけだ」

ユカはため息をつきました。

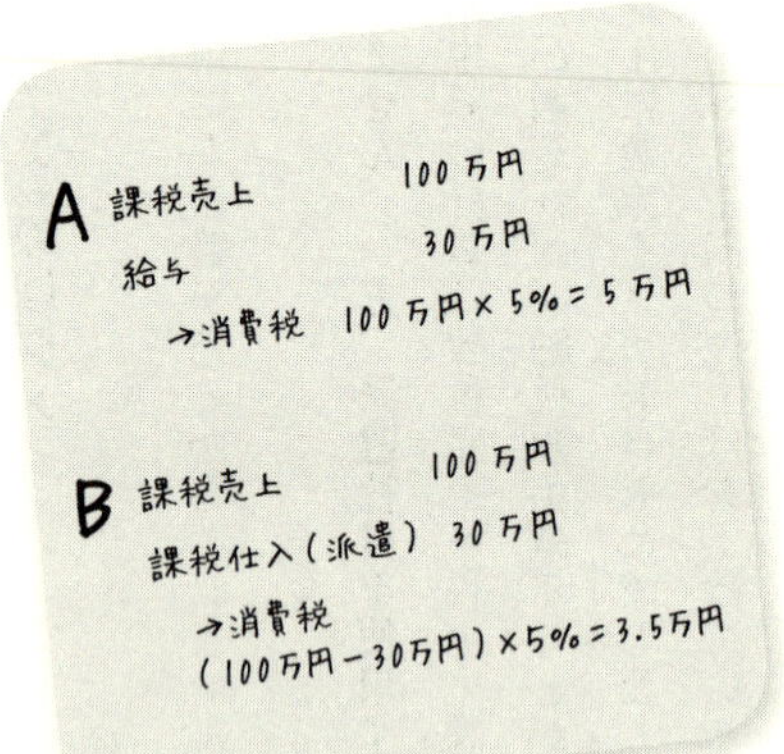

「消費税率が上がったら、節税効果も上がるわね」

「そうなんですよ。必要な労働力は請負や派遣のかたちで外注すれば、それだけで節税になります。**消費税率が上がると、正社員をできるだけ減らす傾向はさらに強まるかもしれません。**派遣会社も増えるかもしれません。現に、節税目的で子会社をつくり、その子会社から従業員を派遣させるといったことをやっている会社は存在します。資本金1、000万円未満なら設立後2年間は免税ですから、次々に新しく派遣会社をつくればいい。もちろん、それがダミー会社だと見られれば脱税として事件になりますがね。とくに人件費の割合が多い業種は、この手の脱税行為をして摘発されている事件が多いですよ」

「税金対策で派遣会社をつくるのはダメなんだ」

「実態が正社員と変わらないのであれば、偽装ですからダメです」

「消費税率アップだけで、いろいろな問題が絡んでくるのね。むずかしいけど、少しわかってきたわ」

クマダはおもむろにカバンからノートを取り出しました。

「マスター、俺が説明しようと思っていた消費税の基礎知識を話してくれて助かったよ。さて、本題はここからだ。問題の多い消費税の仕組み自体をどう変えるか、という話をしようと思って、今日はここに来たんだからな」

＊＊＊

消費税還元セールが可能なワケ

クマダさんはこれからが本題だと言っていますが、ここでいったん整理しておきましょう。

まず大前提として、**消費税の納税義務者は消費者ではなく、事業者である**ということを理解しておきましょう。

消費税法第5条には、「事業者は、国内において行った課税資産の譲渡等につき、この法律により、消費税を納める義務がある」とあります。

それでは消費者から消費税を徴収する義務があるのかというと、そういったことは規定されていません。消費税分を価格に上乗せしてもいいし、しなくてもいいのです。

もちろん、消費税を価格に上乗せしなかったとしても、事業者は自腹を切って消費税を納めなくてはなりません。スーパーやデパートの「消費税還元セール」は、自腹を切っているということですね。消費税の徴収義務はないから、こういったことも可能なのです。

消費税を価格に上乗せすることを「転嫁する」といいます。消費税の導入当初は、事業者が消費税を転嫁しやすいように外税方式がとられていました。本体がいくらで消費税がいくらというのが明確にわかり、消費者は税の痛みを感じました。

ところが、２００４年４月１日からは総額表示方式（内税方式）が義務付けられることになりました。消費者が意識するのは「税込みでいくらか」。税の痛みは感じにくくなり、消費税率も上げやすくなったのです。

１９８９年に導入された消費税は当初３％でしたが、１９９７年に５％に引き上げられました。正確にいうと、国税としての消費税が４％、地方消費税が１％で合計５％です。

消費税の税収は、国と地方を合わせて16％にもなります。

次ページの図をご覧ください。消費税率1％（地方消費税）だけで、全税収の3％以上にもなっているのです。しかも、所得税や法人税のように景気に大きく左右されることがなく安定しています。そして、諸外国と比べると5％という税率は低い。そう考えていくと、もっとも増税が検討される税金だというのがおわかりいただけるのではないでしょうか。

消費税が上がると生じる、3つの問題

ただし、消費税率アップには問題もあります。

一般に言われているのは、①**逆進性の問題**、②**益税の問題**、③**景気冷え込みの問題**です。

①逆進性の問題は、第1章ですでにお話ししたとおり、一律に課税をしてしまうと、所得の低い人にとって負担が重くなるというものですね。

この逆進性を緩和するには、生活必需品の消費税を下げ、ぜいたく品の消費税を上げるといったことが考えられます。これについてはまたのちほど取り上げます。

国税・地方税の内訳（平成22年度）

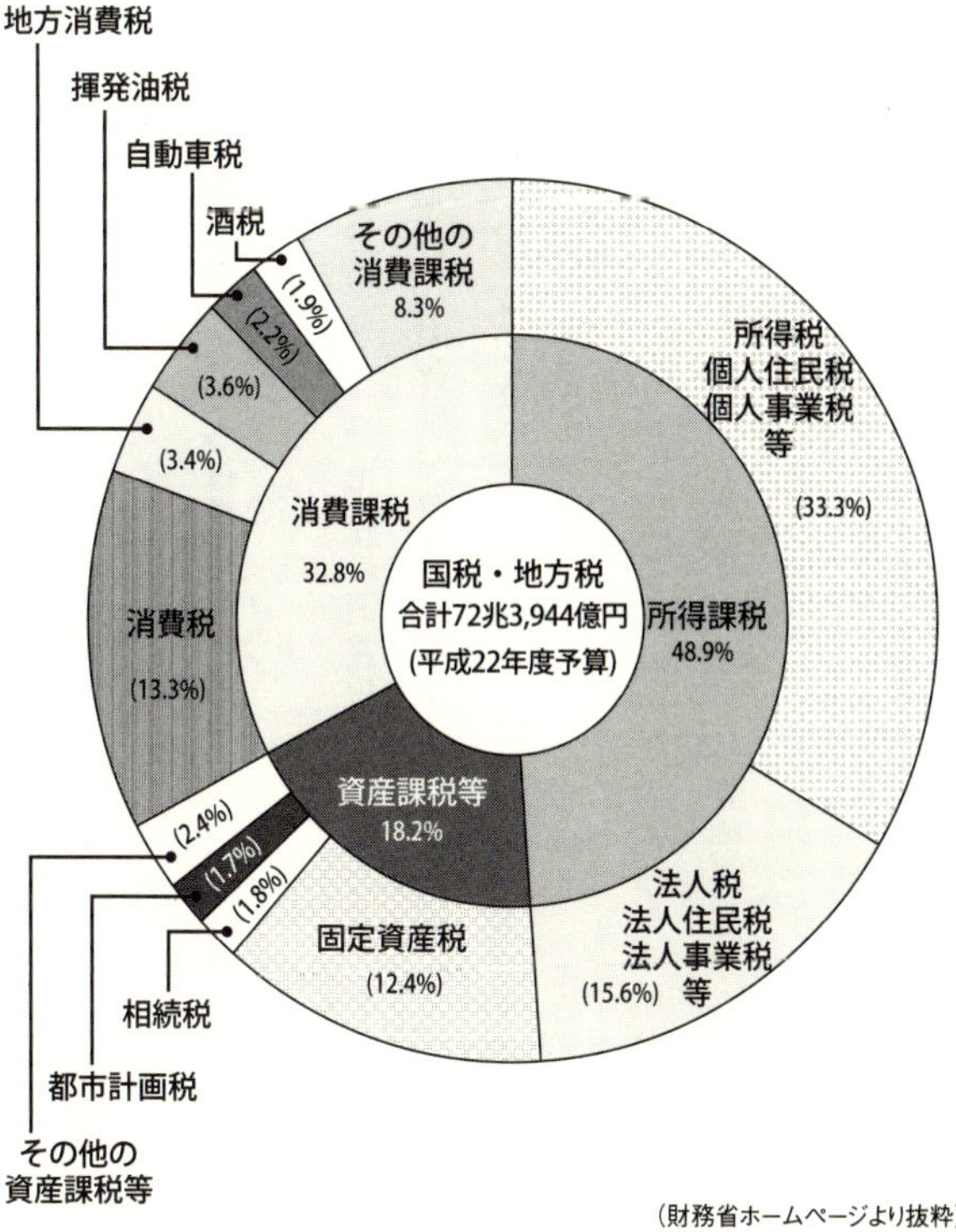

（財務省ホームページより抜粋）

②益税は、問題点としてしばしば取り上げられますが、誤解も多いようです。益税とは簡単にいうと、消費者が消費税だと思って支払った金額の一部が国へ行かずに事業者の利益になっている、というものです。

益税が発生する原因は2つあって、ひとつは免税点があること。もうひとつは簡易課税制度があることです。

免税点とは、免税と課税の境目のことで、現在の消費税の免税点は1、000万円。課税売上高が1、000万円以下なら、消費税の納税義務が免除されます。

とはいえ、消費者から預かった5%がまるまる儲けになるわけではありません。免税業者も、仕入れには消費税を支払っているからです。

たとえば500円で仕入れて、1、000円で売る場合、仕入れの500円に対しては25円の消費税を支払います。1、050円で販売したら、50円が儲けになるのではなくて、すでに支払った消費税を差し引いた25円が儲けになるわけです。

ここで、消費税の税額の計算を確認しておきましょう。

課税売上×税率－課税仕入×税率＝消費税額

すなわち、

（課税売上－課税仕入）×税率＝消費税額

です。シンプルに見えますが、単純に「売上－仕入」ではなく、「**課税売上－課税仕入**」というところがポイントです。

ストーリーの中で安西さんも言っていたように、給与は課税仕入に該当しません。同じ人件費でも、派遣や請負なら課税仕入になります。正社員から派遣に切り替えると、課税仕入が増え、その結果、消費税額が減ります。節税になるのです。

こういったことから、正社員の雇用が減り、非正規社員が増えている背景には消費税があるという見方も存在しています。もちろん消費税だけが原因ではないでしょうが、消費税率が上がることによって、ますます非正規雇用が増える可能性はあります。

給与以外にも、課税対象に入らないものがあります。寄付金、祝金、試供品の提供、国外での取引などは「不課税取引」といわれます。そもそも課税取引にあたらない、という意味です。さらに、「非課税取引」というものもあります。基本的には、国内において事業者が行った取引には課税されるのですが、例外として消費税法に定められているのです。土地の譲渡や貸付、貸付金等の利子、保険料、切手や印紙の譲渡などは非課税とされています。

ということは、消費税の納税義務者は、取引を「課税売上」「非課税売上」「不課税売上」「課税仕入」「非課税仕入」「不課税仕入」に分類して計算しなければなりません。これはけっこう大変です。事務コストがかかります。

そこで、事務負担を軽減するためにあるのが「簡易課税制度」というものです。

簡易課税制度は、業種ごとに、課税売上の一定割合を課税仕入とみなして計算します。小売業で課税売上が1,000万円あるのなら、その80%である800万円を課税仕入とみなします。これならラクですね。

卸売業	90%
小売業	80%
製造業等	70%
その他の事業	60%
サービス業等	50%

原則どおりの計算をするか、簡易課税制度を利用するかは、一定の場合に選べます。適用可能な事業者のうち、半数くらいが簡易課税制度を選んでいます。注意しなければならないのは、一度選ぶと2年間は変更ができないことです。予定外の設備投資などで課税仕入が大きかった場合には、原則どおりのほうがよかった、ということもあります。

しかし、多くの場合は、みなし仕入率が実際よりも高めに設定されているため、預かった消費税よりも納税額のほうが少なくなり、その差額が「益税」といわれるのです。

簡易課税制度を利用できる「一定の場合」とは、前々年または前々事業年度の課税売上高が5、000万円以下である場合のことです。

簡易課税制度適用の上限金額は、どんどん引き下げられており、1991年には5億円から4億円に、1997年には2億円に、2004年に5、000万円となりました。

免税点にしても、当初は3、000万円でしたが、2004年に1、000万円になりました。かつて景気がよかった頃は享受していた事業者も多かった「益税」ですが、いまやあまり意味がなくなっているような気もします。

とはいえ、消費者からすると、税金だと思って支払っているものの一部が事業者の懐に入っているのは、納得がいかないですよね。実際、悪質な業者はあるでしょうし、便乗値上げもあります。

ただ、益税ばかりではなく、消費税を転嫁できない事業者にとって「損税」となっていることもあり、結局は取引の力関係で決まる「対価の一部」という面もあるのだということを知っておいていただきたいと思います。

また、消費税は、現在もっとも滞納の多い税金です。

バブル崩壊後に、消費税滞納が目立つようになりました（ちなみに、滞納とは税金が納期限までに納付されず、督促状が出されたものをいいます）。

1997年には7、000億円を超える滞納が発生し、財務省はあわてて広告キャンペーンを行いました。「消費税は預かり金的性格を有する税です。期限内納付をお願いいたします」といった文言が書かれたポスターがあちこちに貼られ、新聞広告やテレビコマーシャルでも見られました。そのせいもあってか、その後の滞納は多少減りましたが、それでもワーストワンの税金なのです。

滞納の問題も、消費者からすると「許せない」と感じるでしょう。本当に「預かり金」なら滞納なんて発生しないはずですが、現実は対価の一部であり、受け取った金額は資金繰りに使われています。利益が出ていなくても納税義務があるため滞納も多いのです。

新規発生滞納額の推移

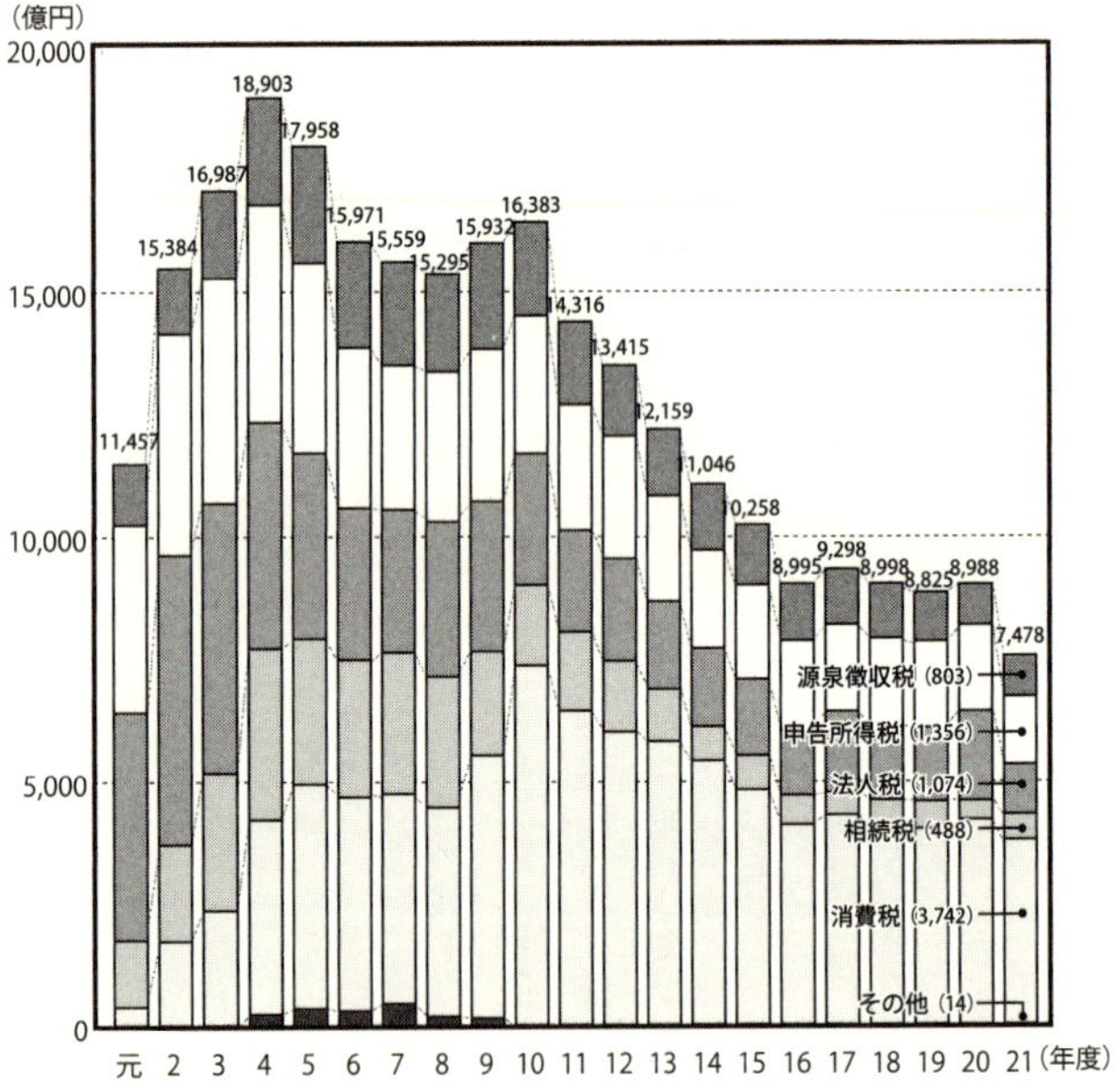

（国税庁ホームページより抜粋）

もうひとつよく言われる問題点が「③景気の冷え込み」です。消費税が高くなると、消費を控えるのではないか、という理由です。

この問題点に対し、消費税を段階的に上げていけば、駆け込み需要が増えて、むしろ景気がよくなると言う方もいます。

シンプルなようでいて、意外といろいろな問題のある消費税。しかし、借金だらけの日本にとって、たった1%上げるだけでも大きな効果のある消費税には、大きな期待が持たれます。

それでは、消費税がかかえている問題点を解決するには、どんな方法がありえるでしょうか？

ここで再び「ヘブン」に戻って、クマダさんのプランを聞いてみましょう。

＊＊＊

課税事業者になりたくなる仕組み　～付加価値税とインボイス制度

クマダはバーカウンターに、〝税制改革プラン〟と書かれたノートを乗せて、かしこまったように話しはじめました。

「そもそも、消費税はヨーロッパの付加価値税を真似して取り入れたものです」

「付加価値税？」

ユカがノートをのぞきこみました。

「売上金額から仕入金額を引くと、その企業の付加価値になります。たとえば500円で仕入れたものを1、000円で売ることができるなら、500円の付加価値があるといえますよね。これに税率をかけるわけだから、付加価値税というんです。付加価値税は戦後のフランスで発明され、ヨーロッパの多くの国に取り入れられました。ヨーロッパではうまくいっていると言われています。それなのに、日本の消費税に問題が多いのはなぜか？付加価値税の中核ともいえる**『インボイス制度』**を取り入れなかったからです」

クマダのノートには、〝インボイス制度の導入〟とあります。

「インボイスとは、付加価値税額が書かれた証明書です」

「見たことあるわ。納品書みたいなやつよね」

「消費税の課税事業者は、消費税納税の際にインボイスに書かれた税額のみ控除ができます。ヨーロッパにも免税事業者はありますが、免税事業者はインボイスを発行できません」

「免税事業者かどうかが明確にわかるのね」

「そのとおり。それぞれ納税者番号が割り当てられており、免税事業者が平気な顔をして消費税を上乗せするような真似ができないのです。さらにすごいのは、免税事業者は取引の際、不利になることです」

「なぜ？」

「さきほどのナッツの例で考えてみましょう。取引の中間に位置している量販店が免税事業者でインボイスを発行できないとします。ヘブンは、インボイスがないかぎり、消費税納税の際に控除できるものがなく、３０円まるまる納税しなくてはいけなくなる。それなら、メーカーから直接仕入れるよとか、別の店から買うよ、となって、つまり、免税事業者は取引から排除されてしまうんです。だから、すすんで課税事業者になろうとします」

「なるほどね、賢い仕組みだわね」

「そうなんです。あまりに巧妙なので、『メートル法』と『革命』と並んで、フランス三大発明のひとつといわれているくらいです」


安西さんは、クマダが勉強してきたことに感心するように大きくうなずきました。

「おっしゃるとおり、インボイス制度を中核にすえた付加価値税は優れた仕組みですね。インボイスがあることによって、事業者は消費税の転嫁もラクになります。ヘブンが量販店に対して、『ナッツを大量に買うから消費税分まけてよ』と言った場合、量販店は『じゃあインボイスが発行できません』と言うでしょう。インボイスがなければ、消費税納税額が多くなってしまう。だから、『わかった、消費税分も支払う』ということになる。ただし、最終的に消費者に転嫁できるかは別ですが。

さらにインボイスには、売上げをごまかすことができなくなる効果もありますね。発行したインボイスの金額と売上げが合っていないと税務署に指摘されてしまいますから」

珍しく安西さんに同意してもらったので、クマダは嬉しそうです。

「日本の消費税は、導入を急いだために中途半端なものになっているんです。そのせいで、いろいろな問題をかかえていると思います。確かに、消費税増税は避けられないでしょう。でも、単純に税率アップをする前に、根本的な仕組みを問い直すことが必要なのではないか、と言いたいのです」

「なるほど」安西さんはにっこりしながら口ひげをなでています。

クマダは続けます。

「益税の問題は置いておくにしても、消費税率アップには、逆進性の問題が残ります。低所得層は負担が大きくなって不公平ですよね。この点も、**ヨーロッパの付加価値税は、食料品や生活必需品には低い税率、ぜいたく品には高い税率というように、税率を変えることで逆進性を緩和しています。**日本の消費税も、ものによって税率を変えることになれば、やはりインボイスがないと不可能でしょうね。計算が大変ですから」

「逆進性の問題に関しては、こんな案もありますよ」

安西さんはペンを取り出し、クマダのノートに〝所得税額から控除〟と書き加えました。

「最低生活水準を維持するために必要な消費分の消費税額を、所得税額から控除するのです。所得税と連携して、逆進性を緩和するわけですね。所得が多い人は、徐々に控除額を減らしていくようにすればいい」

「なるほど――。そういう手もありますねぇ」

クマダは腕組みしました。

ガタッ、と横で音がしました。うつらうつらしはじめたユカが、カウンターについていた肘を外してしまった音でした。

「ユカさん！　今日はこのへんで帰りましょう。タクシーで送りますよ」

「ん……、ああ、そうね。あなたお金持ってるの？」

ユカはだるそうに立ち上がりました。

「ちぇっ。俺は日本を変える人材なんだからな。そのうち俺と結婚したくなりますよ」

クマダはユカの背中を軽く押して、ドアのほうへ歩かせ、安西さんに「つけといて」とサインを出しました。

＊＊＊

クマダさんの税制改革プランは、インボイス制度の導入でした。ヨーロッパの付加価値税をマネしようということですね。もともと日本の消費税は付加価値税をモデルにしていますが、インボイス制度は取り入れず、帳簿の記載で控除を認めています。

インボイス制度導入の可能性は置いておいて、ここでは付加価値税の優れている点をまとめておきたいと思います。

すでにおわかりのように、消費税は流通過程の中で、いくつもの段階にかかってきます。製造の段階、卸売の段階、小売の段階……。

納税者が分散されるのは、漏れや脱税のリスクも低くなるので望ましいと言われます。ところが、かつて問題とされていたのは、税が累積されてしまうことでした。もし、付加価値税方式でなかったらどうなるでしょうか。

たとえば、ある商品をA社が1、000円に5%の消費税を加え、B社に販売します。B社は、1、050円に自社の利益1、000円を加えた2、050円に5%の消費税を加え、2、152円でC社に販売します。C社は、2、152円に自社の利益1、000円を加えた3、152円に5%の消費税を加え、3、309円で販売……と、税額が膨らんでいくことになるのです。

これを解決したのが、付加価値税です。売上−仕入=付加価値に対して税率をかけるので、税が累積されません。フランスの「発明」でした。

付加価値を計算するには、仕入の金額がはっきりとわからなければなりませんので、インボイス制度があります。

このインボイス制度には、とても上手に「正しい納税」を促進しているという面もあります。というのも、ストーリーの中に出てきたように、

①免税事業者は取引から排除されることがあるので、課税事業者になりたくなる
②消費税の転嫁がしやすくなる
③売上がごまかせなくなる

といった効果があるからです。

逆進性の問題をどうクリアするか？

消費税には、どうしても逆進性の問題がつきまといます。個々の税負担能力を無視して一律に増税してしまうと、不公平感を大きくすることになります。

それでは、逆進性を緩和するため、食料品や生活必需品には消費税を課税しないとすると、どうなるでしょうか。税率が一律でなくなったときの事務の手間は、確かにインボイス制度によって解決できるかもしれません。しかし、事態はもっと複雑です。

食料品を販売する事業者は、非課税で販売することになりますが、その食料品の加工の中では課税されているものもあり、その消費税分を価格に上乗せしないと利益を確保できなくなってしまいます。

たとえば、バー「ヘブン」で出すおつまみは、食料品ではなく「外食サービスの提供」ですから、課税されます。ツナサラダの材料として仕入れたツナ缶、きゅうりは非課税。ツナサラダには課税されます。ヘブンは、材料分の消費税控除はできませんから、材料が、課税されていた頃よりも消費税率分安くなっていれば、これまでどおりの利益を確保することができます。

ところが、ツナ缶の製造段階では、缶づめに消費税がかかっているので、ツナ缶はその消費税分を上乗せした価格になっています。値段が上がったツナ缶を仕入れたヘブンは、以前と同じ利益を確保したければ、ツナサラダの価格を上げざるをえないことになります。

次ページで数式にまとめましたのでご覧ください。

消費税一律5％の場合

ツナ缶	100円＋消費税　5円
きゅうり	100円＋消費税　5円
ツナサラダ	500円＋消費税25円

ヘブンの利益	500円－200円＝300円
消費税納税額	25円－ 10円＝ 15円
	300円－ 15円＝285円

食料品だけ非課税の場合

ツナ缶　99円
（缶づめ分の消費税を価格に上乗せしているため、5％安くはならない）

きゅうり　96円
（前段階での消費税がないため、5％安くなる）

ツナサラダ　500円＋消費税25円

ヘブンの利益	500円－195円＝305円
消費税納税額	25円（控除なし）
	305円－ 25円＝280円

5円減ってしまった！
→その分ツナサラダの価格に上乗せする必要がある。

このように非課税商品が間に入ると、最終的な価格が高くなってしまうという矛盾が起こってくるのです。

何が生活必需品で、何がぜいたく品なのかといった境目が不明確という問題もあり、ものによって税率を変えることで逆進性の緩和をはかるのは、実際にはむずかしいでしょう。


そこで、他の制度と組み合わせることが検討されます。

安西さんが言っていたように、所得税と組み合わせるのがそのひとつです。最低生活水準を維持するのに必要な消費についての消費税分を、所得税から控除します。所得が一定以上の人からの控除は、段階的に減らします。そうすれば、負担能力を考慮した消費税にすることができそうです。

ともあれ、さまざまな問題を放置したまま、安易に消費税率だけ上げるということにはならないようにしていただきたいものです。


この章では消費税についてお話ししてきました。いかがでしたか？　意外と複雑で頭を使うなぁと思われたでしょうか。

次の章では、相続税や酒税、たばこ税などについて解説します。

第5章

取れるところから、取りたいけれど

相続税・酒税・たばこ税など

相続税とは

ここまで所得税、法人税、消費税と、（税収としても大きい）主要な税についてお話ししてきました。この章では、その他の税として、相続税と贈与税、酒税、たばこ税について見ていきたいと思います。

まず、相続税です。相続税とは、ある人が死亡した場合に、その財産を相続によって受け取る人が納めることになる税金です。

「相続税は高い」とは、よく言われますよね。でも税収の内訳を見てみると、平成22年度国税・地方税収入全体の1・8%を占めているだけです。数字だけ見れば、消費税を1%上げれば相続税は必要なくなる程度のものなんですね。

次ページの相続税の課税状況をご覧ください。

死亡者数に対する課税件数の割合は、4%程度となっています。100人死亡者がいたら、相続税が関係してくるのはそのうちの4人くらいなのです。

相続税の課税状況の推移

区分	死亡者数・課税件数等				課税価格		相続税額		
年分	死亡者数（a）	課税件数（b）	課税割合（b）/（a）	被相続人1人当たり法定相続人数	合計額（c）	被相続人1人当たり金額	納付税額（d）	被相続人1人当たり金額	負担率（d)/（c）
	人	件	%	人	億円	万円	億円	万円	%
昭和 58	740,038	39,534	5.3	4.08	50,021	12,652.7	7,153	1,809.3	14.3
59	740,247	43,012	5.8	4.05	54,287	12,621.4	7,769	1,806.2	14.3
60	752,283	48,111	6.4	4.03	62,463	12,983.1	9,261	1,925.0	14.8
61	750,620	51,847	6.9	3.99	67,637	13,045.6	10,443	2,014.2	15.4
62	751,172	59,008	7.9	3.93	82,509	13,982.6	14,343	2,430.7	17.4
63	793,014	36,468	4.6	3.68	96,380	26,428.6	15,629	4,285.5	16.2
平成 元	788,594	41,655	5.3	3.90	117,686	28,252.5	23,930	5,744.9	20.3
2	820,305	48,287	5.9	3.86	141,058	29,212.4	29,527	6,114.8	20.9
3	829,797	56,554	6.8	3.81	178,417	31,548.0	39,651	7,011.2	22.2
4	856,643	54,449	6.4	3.85	188,201	34,564.7	34,099	6,262.5	18.1
5	878,532	52,877	6.0	3.81	167,545	31,685.9	27,768	5,251.5	16.6
6	875,933	45,335	5.2	3.79	145,454	32,084.4	21,058	4,644.9	14.5
7	922,139	50,729	5.5	3.72	152,998	30,159.9	21,730	4,283.5	14.2
8	896,211	48,476	5.4	3.71	140,774	29,039.9	19,376	3,997.0	13.8
9	913,402	48,605	5.3	3.68	138,635	28,522.8	19,339	3,978.8	13.9
10	936,484	49,526	5.3	3.61	132,468	26,747.1	16,826	3,397.4	12.7
11	982,031	50,731	5.2	3.59	132,699	26,157.3	16,876	3,326.5	12.7
12	961,653	48,463	5.0	3.55	123,409	25,464.7	15,213	3,139.0	12.3
13	970,331	46,012	4.7	3.52	117,035	25,435.7	14,771	3,210.2	12.6
14	982,379	44,370	4.5	3.46	106,397	23,979.4	12,863	2,899.0	12.1
15	1,014,951	44,438	4.4	3.40	103,582	23,309.4	11,263	2,534.6	10.9
16	1,028,602	43,488	4.2	3.35	98,618	22,677.0	10,651	2,449.1	10.8
17	1,083,796	45,152	4.2	3.33	101,953	22,579.9	11,567	2,561.8	11.3
18	1,084,450	45,177	4.2	3.26	104,056	23,032.9	12,234	2,708.1	11.8
19	1,108,334	46,820	4.2	3.20	106,557	22,758.9	12,666	2,705.3	11.9
20	1,142,407	48,016	4.2	3.17	107,482	22,384.7	12,517	2,606.8	11.6

（備考）1.“死亡者数(a)”は「人口動態統計」(厚生労働省)により、その他の計数は「国税庁統計年報書」による。

2.“課税件数(b)”は、相続税の課税があった被相続人の数である。

3.“課税価格(c)”及び“納付税額(d)”には更正・決定分を含む。また、“納付税額(d)”には納税猶予額を含まない。

4.下線のある年分は、基礎控除又は税率構造について改正があった年分である。

（財務省ホームページより抜粋）

自分には関係ないって？　いえ、まだわかりませんよ。相続税の対象は、現金だけでなく、土地や不動産、骨董品などすべての資産ですからね。それに、少なくとも、その税収を得ている国民として関わっています。

そもそも、相続税とはどんな仕組みなのでしょうか？

バー「ヘブン」に、相続税に疑問を持っている人がやってきたようです。

＊＊＊

同じ金額を相続したのに、税金が違う？

「こんばんは」

夜11時をまわった頃、バー「ヘブン」の扉が開き、パンツスーツをかっこよく着こなした女性が入ってきました。

「いらっしゃいませ」

女性はカウンターに座り、ビールとツナサラダを注文したあと、すぐにこう言いました。

「噂を聞いてやってきたんです。マスターは税金に詳しいんですって？」

「……噂ですか？」

「あ、ごめんなさい、私は樋口ミキといいます。小さな広告制作会社で、クリエイティブディレクターをしています」

ミキは名刺を出しながら、少し困ったように笑いました。

「なんでも単刀直入に話すクセがあって」

「けっこうなことじゃないですか。お仕事はお忙しいのでしょうね」

「そうなんです。本当に仕事ばっかりで……。もう36歳になるんですけど、家族にも恋人にも呆れられています。なんというか、自分でも止められないんです。プライベートをもっと充実させようとか、家族のことを大事にしようとか、気持ちはあるんですけど、すぐに仕事のことで頭がいっぱいになってしまう」

ミキはそう言って、グイッとビールを飲みました。

「ワーカホリックというのかしら」

「そのミキさんが税金のことで、どんな相談でしょう?」

「実は、私の父が先日他界しまして。しばらく病気で入院していたものですから、覚悟はできていました。ただ……」

「ただ?」

「……父が少し資産を持っていたんです。それで、その相続のことで家族と話し合いました。私は、お金は要らないんです。母と兄とで分けてくれればいいって言いました」

「ところが、ほかにも資産があったとか?」

「はい。いま母と住んでいる家が、父名義のものなんです。大きな家ではありませんが、立地がいいので、5、000万円になるそうです。私はこれを譲り受けることにしました。それで終わりかと思っていたら、相続税を支払わなければならない、と。現金をもらったわけではないのに、一度にまとまったお金が出ていくのは、正直ちょっと厳しいです」

ミキは、ふうっと軽くため息をつきました。

「私の知人が5、000万円の貯金を相続したとき、いっさい相続税はかからなかったと言っていました。何が違うんでしょうか?」

安西さんは、「なるほど」と軽くうなずきながら、口をひらきました。

「**相続税は、相続した額にかかるのでなく、課税遺産全体にかかるのです。**だから、同じ5、000万円でも、相続税がゼロの場合もあれば、高額になる場合もあります」

「それってヘンじゃありません？」

「そうですね」安西さんはあごをさすりました。

「相続税は歴史の中で複雑な仕組みになってしまっていますから、今の時代に合わなかったり、無理のあるところが多いんです。具体的にどういう計算をするかというとですね」

コースターの裏に数字を書きはじめます。

「ミキさんのお父さまが残された遺産が、預貯金で2億円、不動産で5、000万円だったとしましょう。この2億5、000万円から非課税財産および債務・葬式費用等を差し引き、課税対象となる遺産総額を出します。そこから、今度は基礎控除をします。5、000万円＋法定相続人×1、000万円が控除額になります。お母さん、お兄さん、ミキさんの3人が法定相続人であるなら、5、000万円＋3、000万円、すなわち8、

000万円が控除額ですね」

「2億5、000万円から8、000万円を引くわけですね。1億7、000万円が残ります」

「その1億7、000万円を、法定相続分で相続したと仮定して相続税を計算します。お母さんが2分の1の8、500万円、お兄さんとミキさんが残りを半分ずつ分けて、それぞれ4、250万円、これに超過累進税率をかけるんです」

法定相続分

母
1/2
8,500万円
相続税 1,850万円

兄
1/4
4,250万円
相続税 650万円

ミキ
1/4
4,250万円
相続税 650万円

合計 **3,150万円**

安西さんは続けます。

「この3、150万円が相続税の総額です。これを、実際に相続した財産の金額で按分します。ミキさんが相続した5、000万円には、630万円の相続税がかかるわけです」

実際の相続

母

1億円
相続税 1,260 万円
（ただし、配偶者の税額控除により 0 円になる）

兄

1億円
相続税 1,260 万円

ミキ

5,000 万円
相続税 630 万円

「じゃあ、知人が5、000万円相続しても相続税がなかったというのは……」

「たとえば、課税対象の遺産総額が1億円あったとしても、法定相続人が5人いれば控除額が1億円になるので相続税はゼロになります。法定相続人が1人しかいなくても、遺産総額が5、000万円だったら相続税はゼロです」

「そういうことなんですね。納得しました」

ミキが深くうなずくと、安西さんは続けました。

「2011年の税制改正で、相続税の基礎控除額が圧縮されるので、一応つけ加えておきます。5、000万円+法定相続人×1、000万円だった控除額が、2011年4月1日からは3、000万円+法定相続人×600万円となります」

「だいぶ減っちゃいますね。2011年4月以降だったら、私の知人にも相続税がかかったかもしれません」

「富裕層にとっては大幅な増税です。**2011年の改正では、富裕層からできるだけ納税してもらう方向に動いていますね**」

「それはわからなくはないですけど。でも富裕層っていっても、相続税が払えない場合だってあるんじゃないかしら」

「相続財産に不動産が多い場合、相続税を納めたくてもお金がなくて払えない場合があります。そういうときは通常、その不動産を売却して納税するのですが、買い手が見つからないこともあります。そういう場合は、物納ないしは延納の申請をします」

「何を相続したかによって、いろいろ大変ですね」

「事業を残して亡くなった場合も大変です。自社株だけが残されていたりすると、相続税を払うには株を売らなくてはなりませんが、市場で売るのはむずかしかったり……。事業承継するのに相続税がネックになるというのは批判されていますね」

相続トラブルはなぜ起こる？

安西さんはひと呼吸おいて、あらためてミキに聞きました。

「さて、ミキさんの場合ですが、ミキさんが相続税を払えなくても、お母さんは一緒に住んでいるのだし、お母さんが相続した預貯金があるのなら払えるのでは？」

「はい。私のコミュニケーション不足が問題なんです。ふだんあまり家にいない不良娘なものですから……。仕事以外のことは無頓着だし、常識もなくて」

「でも、仲が悪いわけではないのでしょう？　相続税は、相続人どうしの仲が悪いと、本当に大変なんです」

「相続の額でもめるんですよね。よくサスペンスドラマとかで見ますけど」

「それだけではないですよ。自分が受け取った額に税率をかけるのではなく、総額に税率をかけるということは、あとからいろいろ問題になることがあります。たとえば、誰かが遺産の一部を隠していて、それが発覚したときには、相続税の額が変わってしまうでしょう？　隠していた本人も他の相続人も、納めるべき税金が増えます。自分が受け取った額は変わらなくても、税金だけ増えちゃうわけです。さらに、当初の申告が過小申告だったとして、加算税まで課せられてしまいます」

「遺産額が大きかったりすると、そういうことも起こるのでしょうねぇ」

「遺産総額がわからないと、自分が受け取った額だけでは税金の計算ができないというのも問題です。遺産総額を教えてもらえなくても、なんとか調べて申告しなくてはならないんです。しかも、連帯納付義務があるので、相続人のうち誰かが相続税を納めずに逃げてしまったら、連帯責任で他の相続人が納めなくてはならない」

「仲の悪い親族が、納税せずに逃げたりしたら最悪ですね。幸い、うちはコミュニケーション不足なだけで、そこまで仲が悪いわけではありません。もう少しちゃんと相談してみようと思います」

ミキのグラスはもう空になっていました。

「どうされますか？」

ミキは首を横にふりました。安西さんはそっと水を出します。

「今度の休みの日は、母親に彼氏を紹介しようかしら。ビックリされるだろうな……」

「年下の彼氏ですね」

安西さんはにっこりと笑いました。

＊＊＊

日本の複雑な相続税

相続した金額で相続税が決まるのかと思ったら、そうではありませんでした。分けてまとめて、また分ける……という作業があるのですね。この計算の仕方は日本独特の制度で、**「法定相続分課税方式に基づく遺産取得課税方式」**といいます。

ストーリーの中では簡素化していますが、実際にはもっといろいろな要素が入ってきます。相続したのが居住用で240㎡以下の不動産である場合は、課税額を80％減額するといった特例もあります。

相続税の税率は超過累進税率になっています。所得税と同じように、金額が大きくなるにしたがって累進的に税額も増える仕組みです。

2003年の改正で次ページの表のようになったのですが、その前は一番上の税率が70％でした。

1,000 万円以下	10%
3,000 万円以下	15%
5,000 万円以下	20%
1 億円以下	30%
3 億円以下	40%
3 億円超	50%

超過累進税率ですので、あくまでも3億円を超えた部分に対しての７０％ですが、１０億、２０億の財産がある人にとっては「ほとんど持っていかれる」というような感覚かもしれません。**「日本の相続税は高いので、三代続いたら財産がなくなる」**とよく言われます。最高税率が５０％になってだいぶ緩和されましたが、他の国と比べると高いのは確かです。相続税のない国、廃止された国も多くあります。

スイス、オーストラリア、ニュージーランドなどの国には相続税はありません。香港は２００６年に、シンガポールは２００８年に相続税を廃止しています。

アメリカは、一時相続税廃止の議論がさかんでしたが、オバマ政権になってから、現行どおり相続税を残すことになりました。

日本も相続税は廃止すべきだという議論は、よく持ち上がります。

あなたはどうですか？　相続税はあったほうがいいと思いますか？

私が興味深く思ったのは、ビル・ゲイツとウォーレン・バフェットが、相続税の継続を主張したことです。世界長者番付に名を連ねる最高レベルのお金持ち二人ですからね。

その二人が、「相続税を廃止することは、オリンピックの代表選手を昔のオリンピック選手の子どもの中から選ぶようなものだ」と批判したのです。階級の固定化はよくない！ということですね。

相続は、親の財産を自分のものにすることができる制度です。たまたま親が金持ちである人と、そうでない人の間に差ができてしまうということを不平等と見て、富を再分配しようとしているわけです。

しかし、なんとかして多くを自分の子どもに残したいのが人情。

それでは、生きている間に財産を子どもにあげたらどうなるでしょうか？

贈与税がかかります。

贈与税の税率は、相続税よりずっと高いです。そうしておかないと、生前に財産を分けて贈与し、簡単に相続税を回避できてしまうからです。

贈与税の計算は、１年間に贈与を受けた額から基礎控除額の１１０万円を引き、次のような累進税率をかけます。

200 万円以下	10%
300 万円以下	15%
400 万円以下	20%
600 万円以下	30%
1,000 万円以下	40%
1,000 万円超	50%

相続税と比べて高い税金になるのがおわかりでしょう。

２００３年に創設された「相続時精算課税制度」は、一定の場合に選択できるのですが、贈与を受けた額から非課税枠の2、５００万円を差し引き、残りの金額に２０％をかけて税金を計算します。通常の贈与税とは違ってだいぶ安いですね。

ただし、その名のとおり、相続がはじまったときに精算されます。贈与時の価格で、相続財産に含まれることになります。

ちなみに、贈与税法というものはありません。贈与税に関する規定は、相続税法の中に含まれています。もともと、相続税を補完するものなんですね。


安西さんも言っていたように、相続税は改正を繰り返した歴史の中で複雑な仕組みになってしまっており、無理のある部分が多いです。

今後、もっと時代に合った制度に修正されるのか？　それとも、相続税自体を廃止するのか？　見守っていきたいところです。

酒もタバコもやめられない

さて、次に酒税とたばこ税について見ていきましょう。

どちらも間接税であり、納税義務があるのは消費者ではなく事業者です。

2010年10月1日より、たばこ税が増税になりました。その内訳をご存じでしょうか？

マイルドセブンで1箱110円の値上げになったのですが、110円増税になったと思っている人も多いようです。

2010年9月末日まで、1箱300円のたばこは、たばこ税が約189円・メーカー売上約111円でした。これが2010年10月以降、1箱410円に値上げ。内訳はたばこ税約264円でメーカー売上約146円です。つまり、税金が1箱約75円増税され、たばこメーカーが35円値上げしているので、合計で110円値上がっているのです。

消費税の章では、「実際には力関係で決まるため、消費者に転嫁できない事業者も多い」なんていう話をしましたが、たばこの場合は事情が違うようです。ちゃっかり便乗値上げしているくらいですから。

お酒もたばこも嗜好品であり、もともと増税のハードルは低いです。増税して値段が高くなっても「やめられない」人が一定数いるので、重い課税が可能なんです。お酒とたばこは、どこの国も税負担が重くなっています。

かくいう私も、お酒もたばこもやめられない一人ですが……。バー「ヘブン」にも、そういった人が来ているようです。

＊＊＊

飲めば飲むほど、貢献している？

金曜日の午後8時、バー「ヘブン」の扉がひらき、スーツ姿の若い男が入ってきました。インテリア専門商社の営業マン、佐藤ハジメくんです。隣にいるのは、いつもの革ジャンの竹内ではなく、女性。同じ会社で経理を担当しているミヨコさんです。

「マスター、今日は職場の後輩を連れてきました」

「こんばんは」

「ビール２つください」

カウンターに座りながらハジメくんが注文すると、ミヨコさんがすかさず言いました。

「バーに来たんだから、ビール以外のお酒も飲んでみたらどうですか？」

安西さんはメニューをそっと出します。

「うーん。どれがどれだかよくわからないからさ。それに、高いような気がするし」

「ビールが一番税金が高いってご存じでしたか？」

「え？　税金？」

安西さんは楽しそうにビールを注ぎはじめました。

「ビールは半分近くが税金なんですよ」

「本当ですか？　じゃあボクは、かなり国に貢献していることになるな」

安西さんはグラスに半分ほど注いだビールをハジメくんの前に出しました。

「代表的な小売価格でいうと、ビール大瓶1本345円のうち、酒税等が155円。45%ほどが税金という計算です。日本のビールは高級だと言われますが、海外と比べてもダントツに税金が高いんです。アメリカの約12倍、本場ドイツの20倍です」

「どうしてそんなに税金が高いんですか?」ミヨコさんが聞きます。

「飲みすぎると健康に良くないからかな?」ハジメくんがすぐに思いつきを口にしましたが、ミヨコさんは首を横に振ります。

「飲みすぎが健康に良くないのは、他のお酒も一緒じゃないですか? むしろビールは、他のお酒に比べてアルコール度数が低いし、税金が一番高いなんて変だわ」

安西さんは議論を楽しむように、うんうんと二度うなずきました。

「ええ、そうですよね。アルコール度数に応じて課税する方法をとっていたら、ビールは安く、焼酎やウィスキーは高くなりますね。日本の酒税制度は、分類差等課税制度を採用しています。アルコール度数で課税するのでなく、お酒の種類で税率を変えるやり方です」

「それで、分類差等課税制度では、なぜビールが一番高くなってしまうのですか?」

「**もともとは逆進性対策で採用した制度だったのですが、時代に合わなくなってもそのままにしているから**です」

「逆進性って、低所得の人に税負担の割合が高くなってしまうことを言うんですよね」

ミヨコさんはなかなか勉強しているようです。

「そのとおりです。消費税と同じく、間接税はどうしても逆進性の問題があるんですね。お酒の場合は、高級酒ほど税金を高くして、逆進性を緩和しようとしました」

「ビールは高級酒じゃないのに」

「昔は高級だったんです。舶来のお酒であり、裕福な人が出入りするレストランなどで主に飲まれていましたからね。でも冷蔵庫の普及に伴い、家庭でも普通に楽しめるようになりました。現在は明らかに大衆酒です」

「ボクらみたいな大衆のために、ビールの税金は下げてほしいなぁ」

「本来の課税の趣旨からすると、下げるのが本当だと思いますがね。ビールはどんどん消費量が増えて、その税収は発泡酒も含めると酒税全体の６割以上を占めていますから、このまま取り続けたいんでしょう」

「そういえば、以前は発泡酒が安かったじゃないですか。うちの両親は、家ではもっぱら発泡酒だったんです。ところが、税率が上がったとかで、値段が高くなっちゃった。最近は第三のビールがいろいろありますけど……。税金を安くするため、メーカーがいろいろな努力をしているということなんでしょうか？」

安西さんはハジメくんにも理解できるように、順を追って説明を始めます。

「お酒の分類は、酒税法で区分されています。ビールの定義はどうなっているかというと、『麦芽、ホップ及び水を原料として発酵させたもの』のほか、麦芽の量の半分までなら副原料を使ってもいい、とされています。つまり、麦芽の量が3分の2以上ならビールです」

「じゃあ、副原料をちょっと多めにして、麦芽の量が3分の2より小さくなったら？」

「酒税法上はビールでなくなります。『雑酒』という分類になり、高いビールの税率を逃れられるんです。それで発泡酒ができたわけです。しかし、1996年の改正で、麦芽が2分の1以上あればビールと同じ税率をかけることになりました。その後も改正を繰り返し、ビールに似たお酒の税率をどんどん引き上げてきています」

「ビールに似たお酒で、低カロリーでヘルシーなものとか、リキュールベースのものとか、さらにはアルコールが入っていないものまで出てきていますが、『税金が新たなお酒をつくる』ともいえるかもしれませんね」

「ウィスキーが誕生したのも、実は税金がきっかけです。18世紀にイギリスでお酒を造っていた業者が、課税逃れのため、蒸留酒をシェリー酒の樽に入れて山奥に隠しておいたのです。おかげで、もとは無色透明な蒸留酒が熟成され、琥珀色のウィスキーができた」

「へぇ。面白いですね」

ミヨコさんは、ウィスキーをソーダで割ったハイボールを注文しました。

「ところで、さきほどビールは約半分が税金だと言いましたが、その中にはもちろん消費税も入っています」

「それはそうでしょう」

「少しおかしいのは、消費税が本体価格ではなくて、酒税を含めた価格に対してかかっていることです。本体に酒税がかかり、本体＋酒税に消費税がかかっている。**二重課税なんです**」

「えっ、二重なんですか？　確かに、酒税は内税になっていて本体価格がわからないから、全体に対して消費税をかけざるをえないような気もするけど……。それにしても都合よく税金をかけられているような感じがするなぁ」

「たばこもそうですよ。国たばこ税、地方たばこ税、たばこ特別税を含めた価格に消費税がかかります。たばこ税も、本体に対する税の割合が高く、6割くらいになります」

「6割もですか。僕はたばこは吸わないから、こっちはあまり国に貢献していないな」

「マスターはたばこを吸いますか？」

カウンターに置いてある灰皿を見ながら、ミヨコさんが聞きました。

「ええ。私は酒もたばこもやめられなくてね」

「たばこ税が上がったとき、やめようと思わなかったんですか？」

「一箱1，000円になったら考えます。まだセーフです」

「思いきって1，000円にしてしまえばよかったのに。だって、たばこは百害あって一利なしじゃありませんか。外国に比べて、日本のたばこ税はどうなんですか？」

「イギリス、ドイツ、フランスでは、7割以上もたばこ税等が占めています。国際比較の中では、日本のたばこ税は高いとは言いがたいですね。確かに、増税をめぐる議論の中では、一箱５００円とか１，０００円にしてしまえばいいという話も出ていました。医療費が抑制されるし、税収も確保されますから」

「さすがに１，０００円になったらやめる人が多いでしょうねぇ。そうなると、税収は減るんじゃないですか」

「一箱あたりの税金が上がっても、それ以上に吸う人が減れば、全体の税収は減りますからね。どっちに転ぶかはわかりません。ただ、**今のところ、たばこ税は地方自治体にとって安定的な財源であることは確かです**」

「むずかしいもんですね」

「ミヨコさんの場合は、甘いものに税金かけたほうがいいんじゃない？」

ハジメくんが軽口をたたきます。「そうすれば、やめられるかもよ！」

＊＊＊

お酒もたばこも、税負担が大きい嗜好品です。**ビールは4割、たばこは6割が税金なんですね。**国際比較をすると、日本のビールは突出して税率が高く、たばこは欧米諸国並みといったところです。

主要国のビールの税金

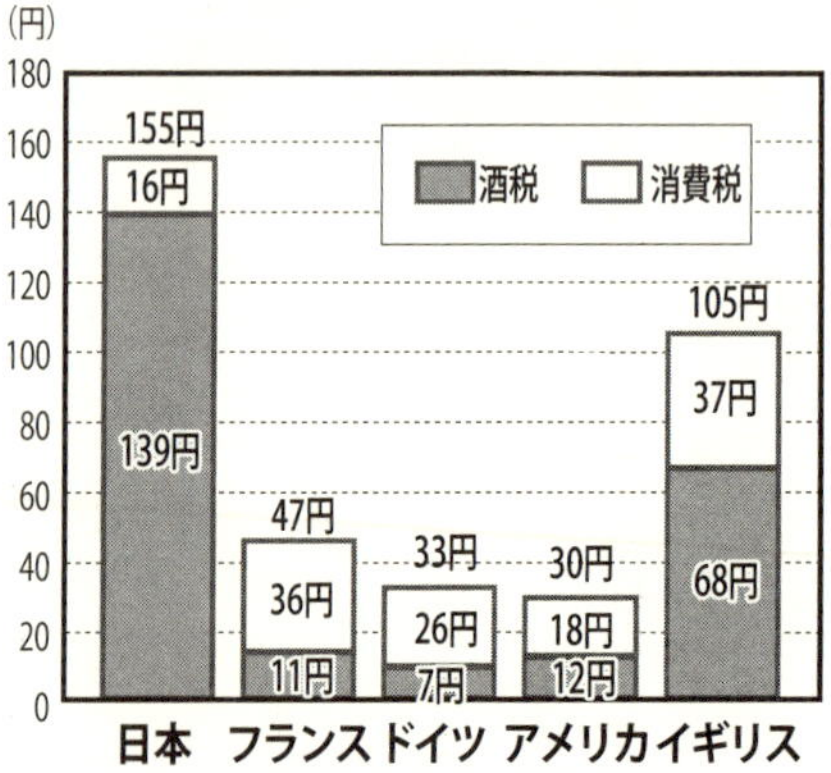

■ 主要国のビールの税金（633ml 比較）

一度あたりの酒税額指数

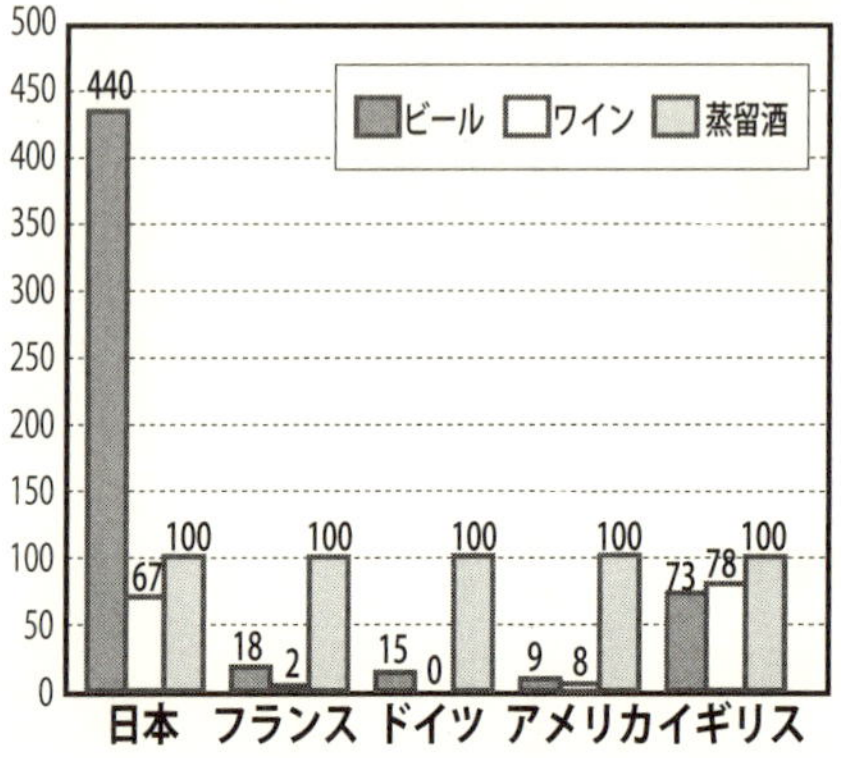

■ 主要国のアルコール１度あたりの酒税額指数
（蒸留酒＝100 とした場合）

（ビール酒造組合 2009 年資料より抜粋）

たばこ価格の内訳

たばこの価格には、国たばこ税、地方たばこ税、たばこ特別税、消費税の４種類もの税金が含まれています。これらを合わせると税負担率はいまや６割にも達する。わが国でも最も税負担の重い商品のひとつとなっています。

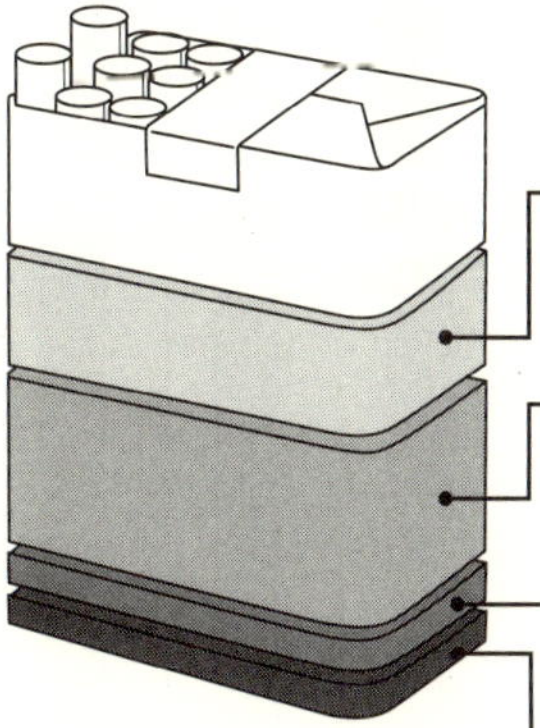

内訳

国たばこ税：
106.04 円 (25.9%)

地方たばこ税：
122.44 円 (29.9%)
（都道府県たばこ税：30.08 円
市町村たばこ税：92.36 円）

たばこ特別税：
16.40 円（4.0%）

消費税：
19.52 円（4.76%）

※1 箱 410 円商品の場合

たばこの税負担合計：264.40 円／箱（64.5%）

（JT ホームページより抜粋）

各国のたばこの税負担率

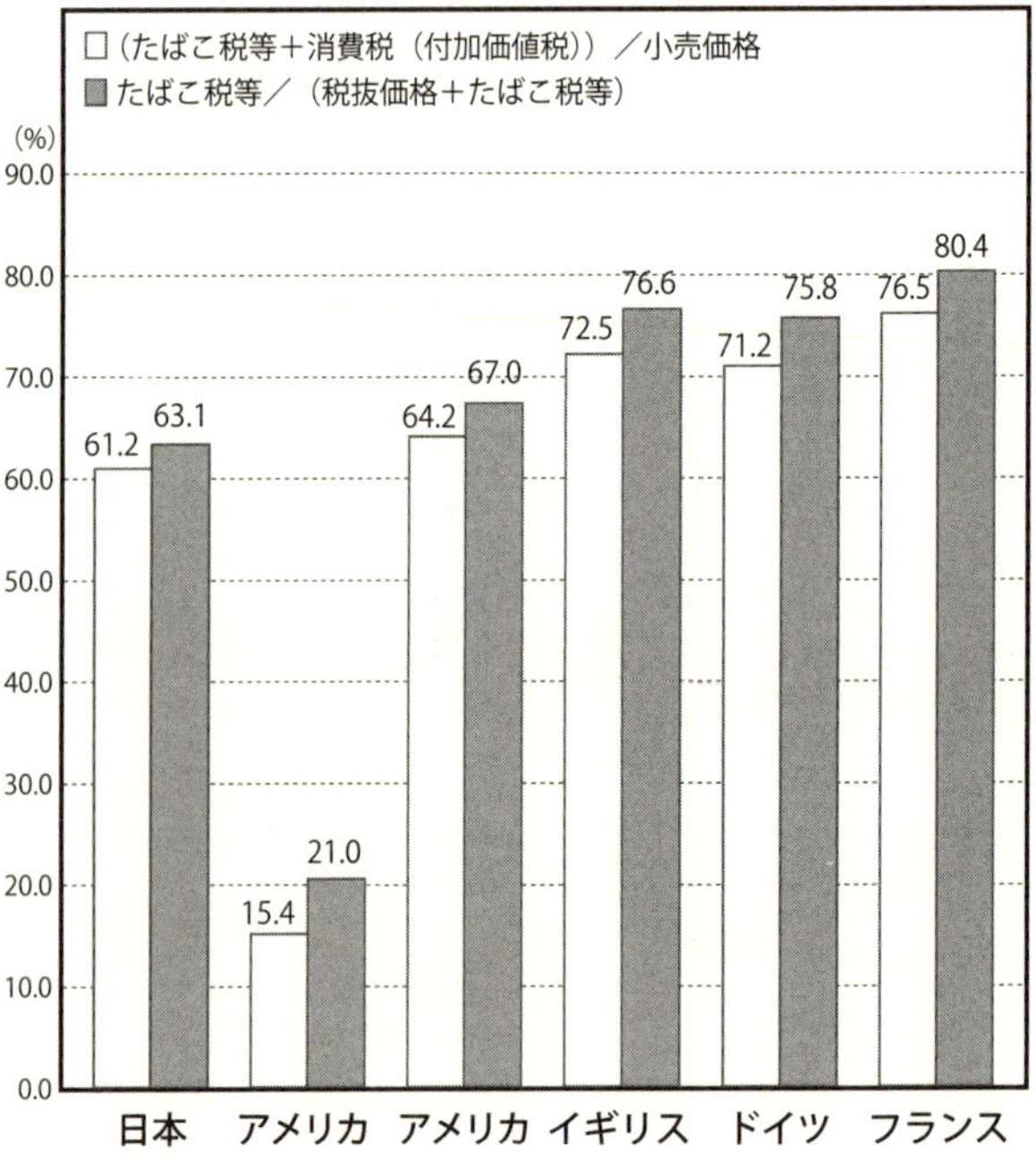

（注）小売価格＝税抜価格＋たばこ税等＋消費税（付加価値税）

（『経済のプリズム』No.66 2009.3「たばこ税の現状と課題」より抜粋）

それぞれ、メーカー側は減税を求めています。しかし、酒税もたばこ税も内税なので消費者からはその負担の大きさが意識されにくく、また、「健康増進のため」といった大義名分もたちやすく、さらに、納税義務者は大企業ですから取りっぱぐれもないという、いい点（？）が揃っています。

ビールメーカーが、試行錯誤して節税ビールを開発すると、税収が減ってしまうので財務省はあせります。税制改正で、税収減をくいとめようとします。税収を確保しようとする財務省と、重い課税を逃れようとするメーカーのイタチゴッコになるのです。これによって、次々に新種のお酒ができることになります。税金のおかげで、ときに銘酒が生まれることも。消費者にとっては嬉しいようなツライような……。

たばこ税にしても、まだ増税の余地があると思いますが、それによって税収が減る可能性もあり、痛し痒《かゆ》しですね。

ガソリン税は何に使われている？

さて、二重課税の話が出てきていました。

税金にさらに税金が課されるというのは、普通に考えるとおかしいのですが、酒税やたばこ税は原価の一部としてみなされているようです。

これはガソリンも同じです。揮発油税は、ガソリンを精製する際に課される税金です。ガソリンの原価を構成するものとみなされて、取引には消費税が課せられます。一方、軽油税（軽油引取税）は、軽油を買う側が納税義務者となっており、消費税は課せられません（特別徴収義務者から買った場合）。ガソリン税は二重課税になり、軽油税は二重課税にならないのです。

ガソリンにかかる税金は、消費税も合わせると約5割。1リットルあたり53・8円の税金が課せられています。たばこやお酒は嗜好品だから、ある程度仕方ないか……という気分になるのに対し、ガソリンはそういうわけではありません。どうしてこんなに高いのでしょうか？

実は、本来はガソリン1リットルあたり28・7円が本則の税金です。1974年のオイルショック時に2年間の「暫定措置」として1リットルあたり25・1円が増税されて以来、30年以上も本則の税金と暫定措置を合わせて1リットルあたり53・8円の税金のまま延長され続けているのです。おかしな話ですね。

さらに問題は、ガソリン税が道路の財源とされていることでしょう。

税金の使い道を、あらかじめ特定して課税するものを「目的税」といいますが、**ガソリン関係の税金は、ほとんどが道路の整備や建設のための税金なのです。**

ガソリン税の税収は約3兆円。道路整備が進んだ現在も、本当に特定財源として維持する必要があるのでしょうか。

ガソリン税を維持すべしという意見の中には、「地方の道路整備はまだまだ遅れている」「ガソリンを高くして環境保護につなげるべき」といったものがあります。

今後は「環境税」の導入がありますし、ガソリン税も再度見直しをして、いい使われ方がされるのを期待したいところです。

あとがき

私は大学を中退し、独学で公務員試験の勉強をして、国税庁に入りました。

国税調査官になるための面接で、面接官に驚かれたことがあります。

「志望した動機は何ですか？」と聞かれたときです。

「両親がやっている会社に税務調査が入りました。そのときにはじめて国税調査官の存在を知りました。国税局に入れば税金のことがわかる、ここしかないと思ったんです」

面接官は、笑いながらこう言いました。

「税務調査に入られて、調査官を目指すと言った人ははじめてだよ」

私の両親は和歌山で小さな建設会社を営んでいました。父が社長で、母が経理担当という零細企業です。両親とも常に忙しそうにしており、私は二人の苦労を見て育ってきました。母は家で何やらお金の計算をしていますが、「わからない」とか「合わない」など、いつも「××ない」とばかりつぶやいています。

「なぜ、こんなに大変そうなのだろう。苦労し続けているのだろう」

中学生になった頃、両親が苦労しているのは、二人とも中卒で「学がないから」ではないかと思いました。

そこから猛勉強です。東京の大学に行くんだと決めて、必死にやりました。甲斐あって、晴れて慶應義塾大学に進学できたのですが、大学に入ってしまうと、私は目標を見失いました。それまで大学に入ることだけを目標に頑張ってきたので、燃え尽きてしまったのです。就職や仕事というものには夢を持てず、勉強もせず、やたらと将来を悲観していました。

「自分は何をやっているんだろう……」

そんなモラトリアムを過ごしている私が再びがむしゃらになれたのが、国税調査官との出会いでした。

大学3年生の夏休みに和歌山の実家に帰ったとき、ちょうど母親と調査官が言い争いをしていたのです。

「ふざけないで、あんたに何がわかるの！」

気の強い母は、スーツ姿の男性に食ってかかるようにしていました。私は、なにごとかと驚きました。そんな私の姿を見ると母はあわてて、「なんでもない、大丈夫だから」と、私を別の部屋に押し込みました。

あとで、それが税務調査だったことを知り、私は「これだ！」と思ったのです。

税金は、すべての人にかかわるもの。生まれてから死ぬまで、常にかかわりがあるもの。税金のことがわかれば、絶対に役に立つ。魚屋になろうがIT企業を興そうが、必ず知っておいたほうがいいことです。

〃国税庁に入れば、税金のことがわかるんだ！〃

「税金についての深い知識があれば、両親の会社をなんとかできるかもしれない」という思いもありました。（実際には、なんとかする前に父が借金を残して自殺をしてしまうのですが。そのあたりのことは、拙著『経理以外の人のための日本一やさしくて使える会計の本』あとがきをお読みいただければと思います）

私は公務員試験に向けて、また必死に勉強をはじめました。国税調査官になったら、人の3倍働こう。3〜4年で、人の10年分勉強しよう。そう思いながらがんばったのです。

その気持ちを素直にぶつけたのが、冒頭の面接での言葉です。

私の熱意が伝わったのか、早くに内定をもらうことができました。そして、国税局に入ってからは「人の3倍働く」つもりで、がむしゃらにやってきました。

国税にいたのは4年弱ですが、たくさんのことを学ばせてもらったと思っています。

ちなみに、母は私が国税調査官になるために勉強をはじめたとき、ものすごく喜んで例の調査官に手紙を送ったそうです。

「おかげさまで、息子が国税を目指して勉強しております」

（その後、何度か手紙のやりとりをしたとか……）

＊＊＊

私は税務調査の仕事を通じて、いろいろな人を見てきました。

税金を払いたくないがために、売上を隠したり、経費を水増ししたりしている人。オモテの帳簿とウラの帳簿の2つを作っている人。驚くことに、現金を捨てる人までいます。

これらは、意図してやっている悪質な「脱税」です。

税金に関する知識が乏しいために、脱税してしまっている人もいます。

副業をしているサラリーマンが、会社からの給料と副業収入をあわせて申告しなければならないところを何もせずにいたら、脱税の可能性が高いです。

投資で稼いだ金額を申告せず、税務調査に入られて莫大な追徴課税を払うことになった人も実際に見ました。

一方では、真面目に納税をしている人がいます。借金をして税金を納めている人もたくさんいます。

税法に詳しい人が、租税回避行為（脱税ではないが、グレーゾーンのもの）を繰り返しているると思えば、何も知らないために節税できない人がいます。

私は、「課税は公平でなくてはならない」と強く感じるようになりました。

そして、「税金の知識がないということは、損をする可能性が高いと同時に無責任である」とも感じました。

国税調査官は、決められたルールにのっとって調査をし、間違いを正すのが仕事です。ですから、そもそも「このルールは正しいのか」とは考えません。

税制は、国会で決めて国民が承認しているものです。みんなで決めた税制を外れる人がいたら困るのです。正直者がバカを見てしまう。公平な課税のために、間違いを正さなくてはならない。

でも、本当にそうなのだろうか。

ときどき、疑問が頭をもたげました。

現在の税制は公平といえるのだろうか。どうして、みんな不満だらけなのだろうか。

本文の中でもお話ししたとおり、「租税法律主義」という基本的な考え方があります。税制は国民がチェックし、承認しなければ変えられません。しかし現実には、あまりにも税金について知らない人が多く、一部の人たちを優遇する税制があったとしてもスルーしています。なんとなく感じている不満の原因も、誰かに作られたものかもしれません。

そうしたなかで最低限の税金知識を身につけることは、すべての人にとって大切なことです。何も知らなければ、議論に加わることができないのです。損をするだけでなく、「無責任な態度」となってしまうのです。

先行き不透明で、閉塞感を感じる現代の日本が明るい方向へ向かっていくためには、一人ひとりの知識とそれに基づく意見が必要です。

本書は、専門家ではない皆さんの、税金知識の底上げを目指して書きました。いかがでしたでしょうか。少しでも税金に対する理解が進み、また、税金に興味を持っていただけたなら、嬉しく思います。

これからも税制改正は続きますし、ニュースで税金の話を見聞きすることもあるでしょう。この国に暮らすひとりの人間として、チェックしていきましょう！

最後に、本書の執筆にあたってはディスカヴァー・トゥエンティワンの干場弓子社長、千葉正幸編集長はじめ、スタッフの皆様にご尽力いただきました。また、株式会社さむらいコピーライティングの小川晶子さんにもサポートいただきました。どうもありがとうございました。

それから妻のみや子、娘の真由稀、いつも支えてくれてありがとう。大学在学中、将来を迷い絶望していた私に、国税調査官という仕事を勧めてくれた両親にも、改めて感謝の意を表します。

最後までお読みくださった読者の皆様にも、あらためて感謝いたします。ありがとうございました！

二〇一一年二月吉日

久保憂希也

ディスカヴァー携書 056
すべての日本人のための
日本一やさしくて使える税金の本

発行日 2011年2月15日 第1刷

Author 久保憂希也

Book Designer 遠藤陽一 国友幸子（DESIGN WORKSHOP JIN,Inc.）

Publication 株式会社ディスカヴァー・トゥエンティワン
〒102-0074 東京都千代田区九段南2-1-30
TEL 03-3237-8321（代表）
FAX 03-3237-8323 http://www.d21.co.jp

Publisher 干場弓子

Editor 干場弓子 千葉正幸

Marketing Group
Staff 小田孝文 中澤泰宏 片平美恵子 井筒浩 千葉潤子
飯田智樹 佐藤昌幸 鈴木隆弘 山中麻吏 西川なつか
吉井千晴 猪狩七恵 山口菜摘美 古矢薫 日下部由佳
鈴木万里絵 伊藤利文 米山健一 天野俊吉 徳瑠里香
原大士

Assistant Staff 俵敬子 町田加奈子 丸山香織 小林里美 井澤徳子
古後利佳 藤井多穂子 片瀬真由美 藤井かおり
福岡理恵 葛目美枝子

Operation Group
Staff 吉澤道子 小嶋正美 松永智彦
Assistant Staff 竹内恵子 熊谷芳美 清水有基栄 小松里絵 川井栄子
伊藤由美

Productive Group
Staff 藤田浩芳 原典宏 林秀樹 粕谷大介 石塚理恵子
三谷祐一 石橋和佳 大山聡子 田中亜紀 大竹朝子
堂山優子 酒泉ふみ

Digital Communication Group
Staff 小関勝則 谷口奈緒美 中村郁子 松原史与志

DTP & Proofreader 株式会社インターブックス

Printing 凸版印刷株式会社

ISBN978-4-88759-896-6

携書フォーマット：長坂勇司